ヨーロッパ石庭づくりの旅

私の庭にはベートーヴェンがいる

シュミット・村木眞寿美
S.Masumi Muraki

論創社

《前奏曲》

道こそなけれ　思い入る

山を越え、谷を渡って……

陽の動きと共に時を感じた時代の人々は、時に追われることもなく、求める石の姿を思い浮かべながら彷徨しただろう。探し当てた石を立てて、さ迷いながら見た世界を庭の形で物語った。最初の石庭を残したのは、そのような人達だったにちがいない。経を読み、石を立てる彼等は、いつか「石立僧」と呼ばれるようになったが、出現と同じくらいに曖昧に消えていった。あてもない旅人と行き交い、鬱蒼と茂る木々を縫って、石を探し歩いた人たちだったに違いない。今はただ草生す石が重なり合って残るのみになった中欧の古い修道院も、自然の中で祈り働いた修道士によって建てられたように。

職業の夜明け前……人は全感覚をもって自然と向きあい、幻想と現実の間で揺れ、宇宙と折り合いをつけて、「物作りを生きた」のだ。私もしばし現実の時に追われず「石を探した」旅について語りたい。とはいえ、それは、「石立僧」と呼ばれた人たちが腰を抜かすような急ぎ旅なのに違いない。

「石庭作りの旅」を語るうちに、石庭と言うものの存在が見えてくるだろうか。

ふるさとの美を通して異文化の共存を主張したいなんて、かつて石を探した人は知るはずもない二〇世紀の苦悩を背負った門前の小僧は、「石立僧」になった錯覚に揺れながら、僧衣の一団から少し離れてついて行く、「千と千尋の神隠し」


……世の中は道こそなけれ　思い入る　山の奥にも……

御伽話のようだが、ヒルデガルド・フォン・ビンゲン（一〇九八―一一九七 ベネディクト派尼僧、博物学者、薬草学の祖）がライン河沿いの丘の上に修道院を建てた時、尼僧たちは、祈り、働いた。石工も左官も大工も尼僧だったのだ。


「あんたが石立僧、石立尼僧……イメージが違うなあ」

しかり。だが、旅は道連れ。当面……石立小僧でお願いします。

信じがたい年月。ありそうもない成り行き。

そして、大気。

大気は凝縮して石に自分の姿を見つける。

風、雨、雪、誰も振り返らないのに、歴然と枝葉を広げる草木。森羅万象が密に同居している風情を石というのだろうか。風の歌、川のせせらぎ、生きとし生けるものの命の醸し出すたくさんの音を「目で聞いて」きたような気がする。視覚的音楽……石の音楽だったかもしれない。

平家が壇ノ浦に滅び、源氏が鎌倉に幕府をかまえ、義経が北へ北へと命の旅をしていた頃、石を立てる僧が、日本の山を歩きまわったように、私も石を立てながら、ボヘミアからハンガリーへの旅をした。八百年もの時の隔たりがあれば、人間の行動範囲もかなり違うが、その昔も昨日のような……

一緒に石を立ててくれる人達が、少しがやがやと登場。

限りない懐かしさの余韻を残すこの「がやがや」は、耳なし芳一を囲む平家の公達の鎧のひしめきではなく、むしろ、吟遊詩人がリュート（西洋琵琶）をもって城に近付くときの、女官たちの胸の騒ぎである。

『さすらい人の幻想曲』

小石が音符に化す。太古、石組は音の組み合わせだったかも知れない。コンポジション。メンデルスゾーンがストーンヘンジから聞いたものは？

ウィーンの森で、石はシューベルトに何を囁いたのだろう。

石立僧の道草ラプソディ……

ところで大理石。これは石と言うよりミケランジェロの画材のようだ。大理石のリストが僧衣で街角に座っている。ブルゲンランドの偉大な息子フランツ・リスト（一八一一―一八八六）と彫ってある。ボヘミアを発った石立（小）僧が到着したのは、ブルゲンランドのアイゼンシュタットだ。オーストリア・ハンガリー帝国のエスターハージー公爵の城がある。そのバロック風の宮殿のような城で、ヨーゼフ・ハイドン（一七三二―一八〇九）が楽長を務めていた。その音色を欧州に響かせたハイドンも、今は城の向かいの教会で眠っている。とはいえ、彼の「頭」が最終的にここに戻ってきたのは、なんと、一九五四年。天才ともなると、頭部は秘かにその「天才の在処」を知りたい学者の間を巡り廻って、一四五年の放浪を余儀なくされたのだという。町の白い明るさとハイドンの音楽の伸びやかさが、この逸話を怪談にしないで、「びっくり交響楽」で結んでくれるのがいい。

びっくりと言えば、エスターハージー公と狩りに出かけたわがベートーヴェン

（一七七〇―一八二七）、は、辺り構わず撃ったので、従者のお尻に弾の一つが当たってしまった。従者は体に入った「ベートーヴェンさまの流れ弾」を、一生誇りにしていたという。でも、もう「楽聖」に狩りへの誘いはかからなかっただろう。この話はベートーヴェンの秘書のでっち上げではなく、エスターハージー公から直に聴いた人の話で、ある時代に作られた深刻なベートーヴェンの姿でない所がいい。

「でも、ベートーヴェンさん、なんで撃ちまくったんですか？」

「鉄砲は、私とまったく違うリズムを持っていた。あんなものはこりごりだ。狩りに行くなんて、こっちからお断りだね」

ともあれ、音楽好きのエスターハージー家を囲む空気には音符が散在して、城のパークでは西洋庭園史がリズムを刻んでいる。庭は編曲された自然なのだ。

この町アイゼンシュタットは、ウィーンの南にあり、マジャール（ハンガリー）人とゲルマン人の文化が微妙に重なる町だ。隣はハンガリー。国境を越して最初の町はショプロンという。

ショプロンをオーストリアの人は今でもオェーデンブルグと呼ぶ。ローマ時代にはスカラバンティアと呼ばれていた。この辺は、パンノニアというローマの植民地だったのである。今のヴィーンは、パンノニアのヴィンドボナという町だった。

そのヴィーンから六〇キロ、ブダペストから二二〇キロのところにショプロンという町はある。町の入口の二番目の標識は、ハンガリー語とドイツ語で書かれている。街中の道路も二つの言葉で表示されているが、こういうことは旧東欧では珍しい。西側では、ヘルシンキの道（フィンランド語とスエーデン語）とか、ベルギーの町もそんな感じだ（フランス語とフラマン語）。アルザスに昔のドイツ語の町名がそのまま残っているのは、フランス人の余裕だろう。アルザスの言葉は、元来、ドイツ語の方言だった。

地名は国よりも古いのだ。これは日本では一般に誤解されている。他人の国に行って、人名まで変えさせてしまった国の戦後の国語教科書にアルザスのことを書いたドーデの「月曜物語」が載っていたのは、己の過去の罪の償いを、人にさせるという感じがないわけではない。

ところで私は、日本海に二つの名前があってもいいと思う。誰も、好きな方を言えばいいじゃないか。そんなことでもめるの、時間の無駄ではないだろうか。

東欧では、元々ドイツ語だった地名も判で押したように現在の言葉になっている。歴史は千年の恨みを刻み、著書『永久平和のために』で無制限な軍備拡張競争を批判したエマニュエル・カント（一七二四―一八九四）が生きた東プロイセンのケーニッヒスベルグは、現在カリーニングラードと呼ばれ、ポーランドの中でロシアの島になっている。

国境は、目に見えないものだが……

オーストリアとハンガリーの国境にコウノトリが住む牧歌的な町ルストがある。湖の畔にたたずめば、町の語るおとぎ話が面倒な歴史の話などを、しばし忘れさせてくれる。だが、「しばし」はつかの間、じきに現実が口を出してくる。EUに加盟しても、ハンガリーがナショナリズムを克服していないのは、欧州全体を見ても例外ではない。ナショナリズムは、面倒な慢性病なのだ。人類の不治の病かもしれない。

「ああ、世界は、国ができる遙か前からあったことを思い出してください」

ともあれ、この辺りをものを思いながら旅する人は、日本と欧州では、自国と外国のとらえ方にかなりの違いがあることに、気づく。

旅人はふたたび微かな「さすらい人の幻想曲」を聞く。シューベルトにリストが重なる。

石立て小僧がさらに南へさすらえば、ライディング（ハンガリー語でドボルヤン）という村がある。リストの生地だ。オーストリア系ハンガリー人（エスターハージー家の役人）とオーストリア人の母の間に生まれたリストは、ショプロンからパリへ行き、ワイマール侯国で楽長をして、ブダペストにも時々現れ、欧州を巡り、ローマに住み、最後はバイロイトでワグナーの祝祭劇の合間に没した。自分ではハンガリー人だと言っていたが、ハンガリー語をほとんど話さず、母語はドイツ語、それからフランス語をよくした。リストは、憧れをハンガリーという名で呼んだのかもしれない。

言ってみれば、彼はヨーロピアン、あるいはコスモポリタン、そしてこのコスモポリタン、フランツ・リスト、今はバイロイト（ドイツ）の墓地に眠っている。

ワイマールでリストを聞いた伊藤博文が、彼を日本へ連れて帰りたがったが、「この人は国宝級だからそんなことはできない」と諭されたという逸話は、いかにも伊藤博文である。彼の人となりは、書かれたものから想像するしかないが、ワイマールで、

「リストの家の庭に石庭を造りたいと思いますが……」なんて言ったら、「よし」

と、助けてくれるような人だったのではないだろうか。この人の他の問題は別として。

日本の美を通して伝えたいこと

今奏でているのは、欧州の五つの国に誕生した五つの石庭の前奏曲である。

現代の「石立（小）僧」の語りであって、世に石庭作家と呼ばれる人達のような専門家の話ではないこと、庭を作る職業の夜明け前の、つまり庭の前奏曲を言葉で表そうとする試みだということを、言っておいた方がいいかもしれない。

ユーラシアの玄関（みたいな）ショプロンに到達する迄、つまり一九九八年から二〇〇九年迄に、多くの協力者を得て、中欧の五か国に日本の石庭を作らせてもらった。チェコ、ドイツ、スイス、オーストリア、ハンガリー……ここで絹の道を東に進み、アジアの国を二つ加えたいけれど、それは夢でしかないだろう。

「日本庭園」は、世界にその数を増している。Sushi の看板が増えるように。中には、銭湯の富士山の絵みたいな「日本庭園」もある。だが、なぜ、まめに手入れをしてくれる庭師がいるわけでもない場所に日本庭園を造るのだろう。憧れ、異国情緒、国際交流、あるいは、政治的成り行き……様々な成立があるにちがいない。欧米にある日本庭園を前にして、悪いネタをマヨネーズでごまかしたSushiを鮨として売る場面に遭遇する時のような、複雑な気持ちになることがある。独特な日本の文化をどのように外国に紹介し、その土地に生かせるか、難しい問題である。

日本の文化を通して私は何かを主張したかった。

自分のことを河原物書きと呼んでいるが、この河原という、そのある種貧しい、命がけな、顧みられないけれどロマンテイックな雰囲気が好きである。売れない本を書きながら、その本を通して言いたいことを、紙や机から離れた別の形で、もっと自然に近いところで、時代の意志として残したいという願いがあった。

そこに現れて、次第にその輪郭を濃くしたのが、石立僧である。この人たちも、職業の夜明け前に、日々命をかけて石を立てながら、質素な暮らしの中で、贅沢な宇宙を抱いて生きていた人たちに違いない。もちろん、そのような人の中から善阿弥（室町時代）のような後世に名を残す人も出たが、私がここで仲間意識を感じるのは、名も知れない石立僧、あるいは、祈り、働き尼僧院を建てた中世の尼僧たちである。

異国情緒の成れの果てを残すような無駄なことにお金を使いたくない。一時的大義名分に使われた公費の、なれの果てを見た辛い気持ちの周りを、空や水、山や谷、木々、鳥の声、人の姿、石などがぐるぐる回っていた。

だが、空回りしているように思える思考にも、光がさすことがある。

その光の中で、次第に輪郭を濃くしていったものが、中世から現代に至るまで日本の自然と風土を糧に歴然とその美学を磨いてきた石の庭であった。土地の石を使い、人の手で「完成」に達した後も、周囲の自然が作り続けてくれる石庭。自然が、世界の創生と共にあったような姿にしてくれることを願って、作った人間は去る。石立僧たちの心、懐かしい世界の似姿を残して。

私は、知らぬ間に、石とぬきさしならない関係に陥っていた。

日本列島に人が住みついてから、今日に至るまで、自然崇拝、祖霊崇拝、神道、仏教、この国で独特の発展をした禅仏教、侘びと寂の哲学、貴族の社会でも、武士の時代でも、明治維新から現代まで、石は、日本人の美意識を反映させてきた。我慢強く、歴然として、崇高であり、ユーモアにあふれ、静かなのに饒舌で、ありのままの姿で人前に現れても、様々なものに変身してみせる、なかなかの名優で、時には、神様の振りさえするのだ。

石庭の発見は、私に不思議な力を与えてくれた。最後に見えた五番目の石庭がハンガリーのショプロンに誕生したことは、特に感慨深い。

なぜならば、ハンガリーの盆地に到達して国を作った人たちの出発したのは、ウラル・アルタイ山脈の麓であり、私たちも、多くは、おそらくその麓から、もっともっと遠く、遥か絹街道の長旅の行き着く先まで行った人たちの力と智を受けて、他から到着した人と混ざり合い、今日に至っている存在に違いないからである。

異なるように見えて、人間はどこか似たようなものなのだが、目に見えるものが、だまし絵を作っているので、似ていることに気付かない。それで、つまらない比較に血道を上げたりする。そんな比較に惑わされて、目を覚ました傲慢さが増長しませんように。

世界をどう結ぶか、異なった文化を背負う人々がどう分かり合えるか、これは常に私の問うて来たことだったし、残された時間もこの問いを胸に生きていくであろう。その問いに、石が答えてくれるかもしれないと思えるところに、石庭という芸術の未来が見えてくるような気がする。

ヨーロッパ石庭づくりの旅　目次

前奏曲

《第1章》

《第3章》

《第4章》

《第5章》

石庭、パンヨーロッパ枯山水（ハンガリー　二〇〇九）　215

ヨーロッパ石庭づくりの旅

——私の庭にはベートーヴェンがいる

欧州で新たにつくられた６つの石庭

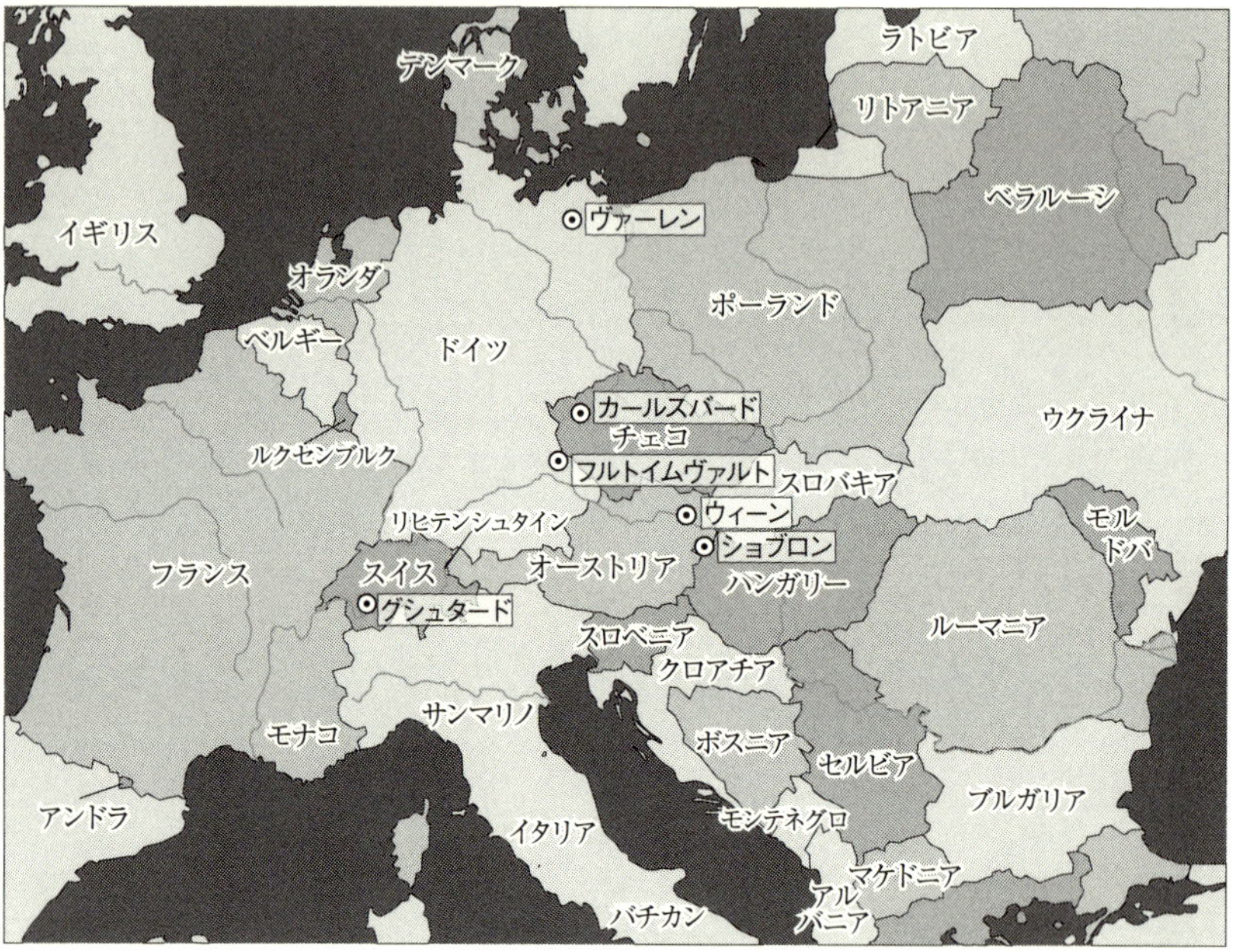

《第1章》 花・ベルツ日本庭園（チェコ　一九九八）

カールスバード（チェコ、カルロヴィ・ヴァリイ）

初めてカールスバードに行ったときは、まさか、ここに石庭を作ることになるだろうとは思ってもみなかった。私をそこへ導いたのは、ドイツから来たお雇い外国人エルヴィン・ベルツ（一八四九―一九一三）と妻の花（一八六四―一九三七）である。ベルツ博士といっても、今では知る人も少なくなったが、昔は市販されているベルツ水（日本で最初の合成化粧水）などでも有名になった「偉いお医者さん」だった。南ドイツ（当時はヴュルテンベルグ王国）のビーティッヒハイムで生れ、テュービンゲンやライブツィヒで医学を修め、一八七六年に日本へやってきて、東京医学校（現東大医学部）で教鞭をとり、明治・大正天皇の侍医でもあった。

大半が日本語に訳され出版された「ベルツの日記」（岩波文庫　初版昭和三〇年菅沼竜太郎訳）は、外国人の残した明治の日本に関する貴重な記録である。食道癌の岩倉具視の最後の記載など、心を打たれる場面も含まれている。

一九〇四年秋、ベルツは、軽井沢から草津に行った。彼は、その旅の記録の中で草津をほめ、

「……無類の温泉以外に、日本で最上の山の空気と、全く理想的な飲料水がある。こんな土地が、もしヨーロッパにあったとしたら、カルルスバードより賑わうことだろう。……」（九月一九日、菅沼竜太郎訳）

と記している。

ベルツは、草津に土地まで買って、西洋風サナトリウムを作る夢を持っていたが、当時外国人が日本でそのようなことをすることは許されなくて、土地をそのままに帰国したのである。

私は一八歳の時にその草津で一か月療養した。当時の草津は、今とはまったくちがった遠い山奥だったが、「ベルツの日記」のこの部分は大概の人が知っていた。でも、その「カルルスバード」とは、一体どんな所なんだろう。行ってみたいけれど、遥かに遠い外国だった。だが後に図らずもドイツに暮らし、ベルツ夫妻の足跡を辿る段になると、当然「行ってみなければならなくなった」。

そんなわけで、「ベルツの日記」から想像する桃源郷を夢見て、一九八九年、とうとう、ドイツからチェコスロヴァキア（当時）への国境を越したのだった。冷戦体制の最後の頃、国境で写真を撮り、有料のビザをもらって入国。そして走る

写真 1-1：花・ベルツ

写真 1-2：エルヴィン・フォン・ベルツ

穴だらけの道。所々に、（あとで分かったことだが）ここを追われたドイツ人の残した家が、朽ち果てて、空虚な姿を風にさらしていた。そんな家は今では崩れ落ち、瓦礫の上に生えた草木が廃屋の残骸を隠している。

すべてが、暗かった。世の果てに向かっているような不確かな世界であった。

迷いながらやっと着いてみると、なんと、あの「世界の温泉地カールスバード（現カルロヴィ・ヴァリイ）」は、深いボヘミアの森の合間で瀕死の白鳥の最後の息をしているかのようだったのだ。過ぎ去った栄光の影を踏みながら町を歩き、すっかり気落ちして去る荒廃の底から、微かな泣き声が聞こえるかのようだった。

一体ここで何が起きたのか。暗い町のぱっとしない小さな本屋に一冊あった薄い英語の案内書には、一四世紀にこの温泉を見つけたことになっている神聖ローマ帝国のカール四世（一三一六―一三七八）が、チェコスロヴァキアン・キングになっていた。ちょっと、待って……

一四世紀にチェコスロヴァキアという国はなかったはずだけれど……。

知ってしまった歴史

ミュンヘンへ帰って調べると、それは、日本人の私が初めて見聞する欧州史の悲劇であり、触れてしまえば、未来を考える前に、まず、どう克服するか考えねばならないと思わせるようなものだった。それまでに日本で、この部分を語る著書が私の目に触れたことはなかった。この前の戦争に関連して、「アンネの日記」とか、強制収容所に関する本は読んだ。芝居にも行ったし、映画も見た。

だが、普通のドイツ人はどのようにこの時代を過ごしたかに関しては、見聞する機会はなかった。日本人がみんなアメリカ映画に頻繁に登場するような残忍な兵隊だったわけではないように、ドイツ人もみんな映画に出てくる親衛隊のような恐ろしい兵隊ばかりだったわけではない。

ミュンヘンで一番大きな本屋さんが、出版社に一冊残っていた絶版の本「カールスバード」（一九八〇）を見つけてくれた。それは、四〇〇ページからなり、写真のたくさん入った内容豊かな本だった。写真は、チェコを追われた人々が持出しを許された荷物に入れて西ドイツへ持って出たもので、全国に散らばった彼らから集めた貴重な記録だったのだ。

初めて聞くことばかりで、動揺した私は著者を見つけ、会いに行った。ミュンヘンの西の端に住むハインツ・シューベルト法学博士である。今は亡きこの人は、親切に私を迎えてくれたが、老いて病体だった。彼は、次のような話をして、涙を流した。

「うちは、代々カールスバードに住んでいました。妹はユダヤ人と結婚しました。しかし、ナチが来ました。妹は、強制収容所へ収容されることになった夫について行って、死んでしまいました。私の元には両親をなくした甥が残されたのです。私も悲しかったけれど、甥はもっと不憫でした。そのうち、ドイツが敗戦。ドイツ人やオーストリア人はみんな荷物一つでチェコから追放されることになりました。私は、可愛がっていた甥を連れて逃げようと思いましたが、チェコ政府がそれを許さず、甥はチェコに拘留され、私は、甥を連れずに追い出されたのです。別れがどんなに悲しいものだったか、貴女には分かりますか?」私は、何も言うことができなかった。これは、それ以来見聞した悲しい話の一例である。

現代史の、あまり一般に知られてない部分にルーペを当ててみよう。ドイツ・オーストリアが第一次大戦に敗戦(一九一八)して、チェコスロヴァキアという国ができた。しかし、その国の周辺を中心に帯状や島状に純ドイツ語管区があった。この人達は国民国家がなかった八百年ほど前から、ここに住みついて開拓し、町や村を作ったドイツ系の人々だった。特にハンザ同盟(北ドイツ中心の海運を使った商人組合、一二~一七世紀)が繁栄した時代には、欧州の封建諸侯が「ドイツ人」に特典を与えて植民開拓させたので、新しいチェコスロヴァキアができた時に、人口の約四分の一は、ドイツ語を話す人達だった。

第一次大戦後、新しくできた国で、そのドイツ人たちは自治権を要求した。しかし、この運動は死者まで出してチェコスロヴァキアの軍隊に鎮圧されたのである。ドイツ語地域の人たちはなにかの資格を取っても、国策でチェコ語しか分からない場所へ赴任させられ、仕事ができなくて暗澹としたり、チェコ語の義務教育は無料だが、ドイツ語の学校は許可されても有料にするとか、ドイツ語の割合を減らすような地域整備をしたりして、性急なチェコ化政策が行われた。

これに対する不満が、ヒットラーのような人の登場や、ムッソリーニ、チェンバレン、ダラデイエの合意をみた一八三八年のミュンヘン協定を歓迎する人たちを作った。彼らは、チェコスロヴァキアがドイツの保護国になったときに、失った権利が取り戻せると思ったのである。だが、このような成り行きに不安を覚えたり、ナチに反対のドイツ人達もいた。ユダヤ人のいるドイツ家族もあった。

独裁者とその協力者が権力をもてば、誰にとってもいいことはない。攻撃のターゲットを明確にして、誰でもわかる言葉で演説されると、未来の見えない飢えた大衆は錯覚に落ちる。そういう時の大衆がどんなに怖いものか、現代史は見せてくれた。反体制のドイツ人はユダヤ人同様に強制収容所に送られた。保護国となったチェコスロヴァキアでも、ろくなことはなかった。ナチス要人の暗殺以降は、リュディチのように暗殺の犯人の潜伏を疑われて破壊されるとか、酷いことが起きた。恐ろしい時代だった。

だが、やがてドイツは敗戦する。恐ろしい時代の後に来る反動も恐ろしい。

当然、仕返しが押し寄せた。チェコスロヴァキアに住んでいたドイツ語を話す人達は、非ナチ化裁判もなく、一律に、決められた量の荷物と共に追放された。

家も土地も先祖代々の墓も残して行くよりほかになかった。それは、一種の民族浄化策であった。

その数三〇〇万人。追放の途中で一〇%が殺されたという。カールスバードのように、ドイツ系の人が人口の九五~九七%の町では、住民がまったく入れ替わったことになる。だが、チェコ人とドイツ人の夫婦というのもあった。彼らの運命もそれぞれに不幸な時代に直面したのである。新しい国が没収した家々には、チェコ各地から来た人が入居。このやり方は、スターリニズムもナチズムも変わらない。現在カルロヴィ・ヴァリイに住んでいる人たちの大半は一九四五年以降に転入した人達である。近くのマリエンバード（現マリエンツカ・ラズニ）でも同様の事だ。

私がカルロヴィ・ヴァリイへ行ったときには、ガガーリンの像はまだ立っていた(ソ連崩壊後はこれも引っ越した)が、オーストリアの皇帝フランツ・ヨーゼフやヨーゼフ二世の像はとっくに除去されていた。現代史に関係のないブラームスの住んだ家の標識でさえ外されていた。これはさすがに戻って来たが、かけたり、外したり、戻したり、かけ替えたり、歴史は人を多忙にする。

何百年も住んでいた人たちが追われて、他の土地から移って来て空いた家に住むようになった人達に郷土愛が芽生えるには時間がかかったに違いない。そこにスターリニズムや社会主義制度が重なった。そして五〇年。世界の温泉地は寂しく煤けてしまった。町の北側の丘の上にあるドイツ人墓地は放置され荒廃した。

この墓地で、戦争直後に闇雲に殺された三〇〇人のドイツ人の埋まっている場所がある。私が初めて行ったときは、大きな墓地の中で、そこはただの平らな空き地に見えた。近くに、ここで没したモーツアルトの息子の墓があったので、歩き回った私の靴が何を踏みつけているのか知らなかった。しかし、鉄のカーテンが取れた後、その場所にキノコが生えたかのように十字架が立ち、死者の名前を刻んだ記念碑が置かれたので、初めてここで起きた事を知ったのである。

殺された同胞を素手で埋葬させられたドイツ人の手記を手に入れたが、このことを詳しく書く気にはなれない。ナチスへの仕返しは普通の市民に対しても無差別に行われた。仕返しというのは、無意味なものだ。仕返しをする人間が、少なくとも加害者と同じことのできる人間だということを証明してしまう。

なんという悲しい森に、足を踏み入れてしまったのだ。

私は単に、ベルツ夫妻の足跡を辿って、文化の違う夫婦がどう暮らしたか知りたかったのだ。だが、カールスバードにはその足跡はなく、辿ったのはこの町の悲惨な歴史だったのである。また、図らずも、大正時代に函館から来てここに住んだ別の日本女性「勝田コウ」（カールスバード生まれの職人と恋におち、駆け落ちして上海で結婚、図らずも夫がカールスバードでパンヨーロッパ運動を始めた）の人生を呼び起こすことにもなった。

それは、島国から来た人間が初めて知る陸の国境の歴史、スラヴ人とゲルマン人の重なる場所に書かれた壮絶な歴史であった。こんなことを知ってしまって、そのままにしておける私の性格ではない。この衝撃は、その後の私の人生を決めたほどだ。

後の欧州思想への接近はこのときに始まったといえるだろう。

少なくとも、近くの鉱山で働いていた弟ヘルマンとベルツが、馬車で行ったに違いない道、ワイマールからゲーテが来た道、ベートーヴェンがフランツェンスバードにゲーテを追っていった道を辿り、私は、ドイツへの国境を越した。この道は、ドイツの兵隊の軍靴が響いた道でもあるし、そのような歴史のツケを払わされたドイツの民間人が追われて行った道でもある。知ってしまった悲しみを乗り越えて、「あのカールスバード」を蘇がえらせなければいけない。この国境の暗さを克服しなければならない。だが、そんな大それたことは一人で出来ることではない。財も地位もない人間に何ができるというのだろう。

歴史絵巻の温泉絵画

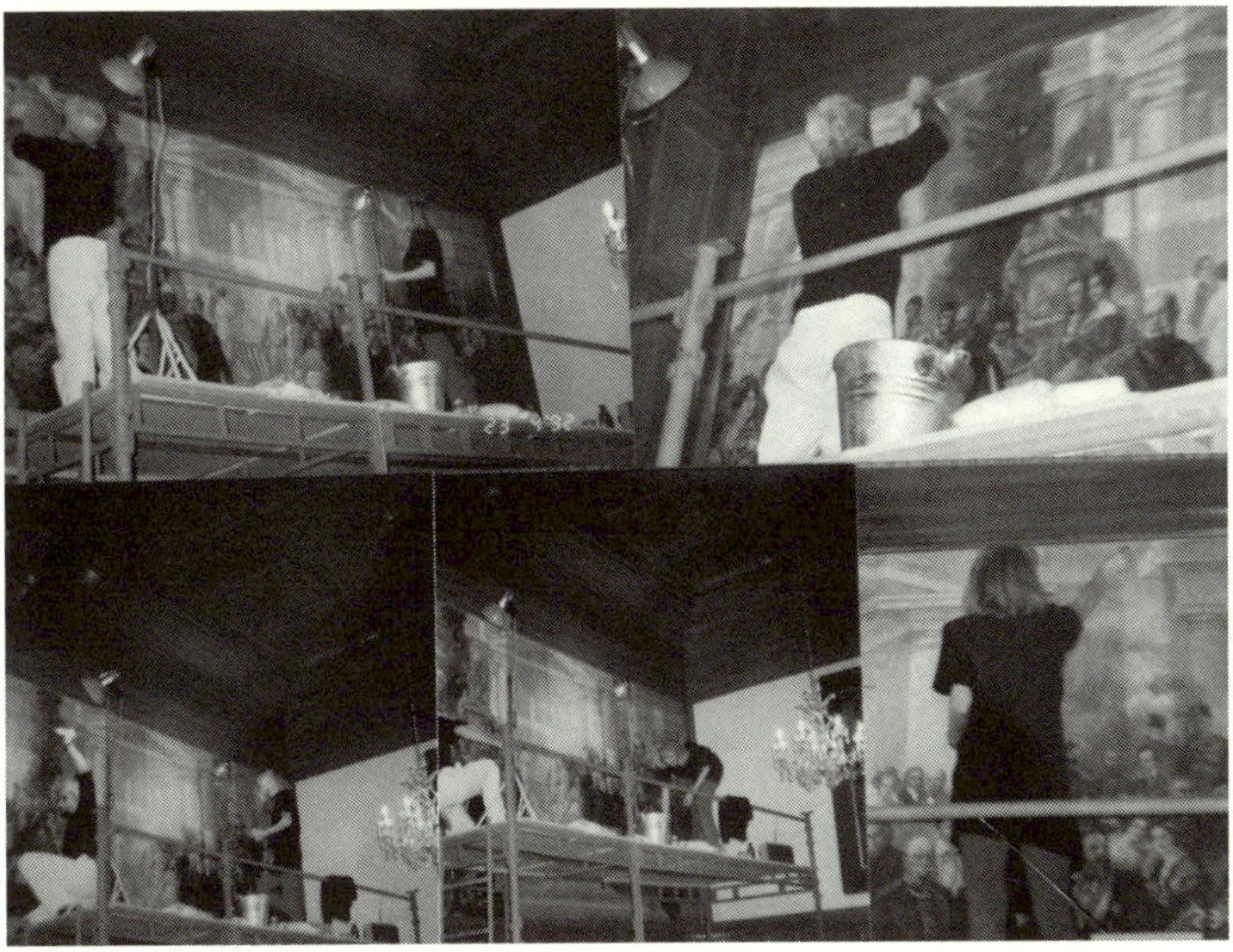

写真 1-3：温泉歴史絵画の修復

ベルツ博士に啓蒙され、主に重い病気の人が訪れる古い湯治場から、音楽のある明るくモダンな温泉地に変身した群馬県草津温泉とカールスバードの姉妹都市締結は可能か。

その頃は、今より遥かに遠く感じたボヘミアと日本の群馬県の交流……遠いな。

だが運よく、当時の草津の指導者たちも夢多き人達だったので、話は速やかに進展して、

写真 1-4：温泉を楽しむ歴史上の人物

一九九二年、チェコスロヴァキア（当時）のカルロヴィ・ヴァリイ（カールスバード）と草津は姉妹都市になった。

「草津温泉とベルツ」の著者ホテル一井の市川善三郎さんは、故人となられていたが、幸い中澤ヴィレッジの中澤晃三さん、ナウ・リゾートの小林祐那さん、ホテル・ベルツの沖津弘良さんなどが健在だった。今は皆故人になられてしまったが、夢の多い時代であった。上毛新聞主催の群馬温泉フェスティヴァルという催しがあったので、一八世紀からのカールスバードの飲泉コップや、有名な保養客を描いた温泉絵画を撮影して実物大で展示したり、撮影の時に見た絵の状態の悪さに驚き、中澤さん

写真 1-5：カール四世温泉発見の図

の寄付で修復を可能にしたりした。

私にとってカルロヴィ・ヴァリイで最初のそして最も良い友達、博物館のブラホヴィッチ博士が、プラハから修復の技術者を二人呼んできて、大きな絵の前に櫓を組み、何週間も修復作業を続け、二枚の絵は再び輝きを取り戻した。博士と私は、子供が「悪さ」をしているときのように嬉々としていた。ブラホヴィッチ博士はユダヤ人の父とドイツ人の母から生まれたチェコ人である。

温泉絵画には、ゲーテ、シラー、ベートーヴェン、ブラームス、ショパン、リスト、ドヴォルザーク、マリア・テレジア、メッテルニッヒ、エリーザベス……ビスマルク、ウィルヘルム一世、二世などなどたくさんの人が描かれていて、見ているだけで、胸が躍り、この人たちと町で会えるようなファンタジーに陥る。

しかし、絵の状態がなぜここまで悪くなったのか。原因は浅はかなものだった。前の戦争のもう一つ前の戦争が終わった時の、無思慮な行為にさかのぼらねばならない。


ウイルヘルム・シュナイダーがこの絵を完成させたのは、ちょうどドイツ・オーストリアが第一次世界大戦に敗戦した時であった。この戦争に少なからず責任を問われなければならないドイツ皇帝はオランダに亡命。状況判断を誤ったハプスブルグ家最後の皇帝は、ドナウ帝国に少なくとも「ドイツ・ボヘミア」という自治権のある地域が残ることを期待してスイスに亡命。オーストリア・ハンガリー帝国は崩壊した。一九一八年には、チェコスロヴァキアという国が誕生して、オーストリアは日本の四国ほどの小さな共和国になってしまった。

ハンガリーは面積も人口も帝政時代の三分の一に減り、「国民」の半分は周辺の国に散住することになった。ドイツも国土の四割を割譲され、日本の国家予算の三倍の額の賠償を課され、これを払い終えたのが二〇一〇年の秋だったということは、あまり知られていない。敗戦国に対するこのような仕置がどんな禍をもたらすかは、次に来た戦争が教えてくれる。

結局、「ドイツ・ボヘミア」なんて名の土地は問題にもならなかった。

新しい国で歓迎されないドイツ人やオーストリア人がたくさん描かれているシュナイダーの絵は、カイザー・バード（皇帝の風呂）と呼ばれていたクアーハウスの壁に掛けられたが、すぐにカーテンで覆われ、温度調節も風通しもない所で放置されたのだ。どの民族に所属するかで、「坊主憎けりゃ袈裟までも」、歴史上の人物まで町史から抹殺するという、極端なことが行われたのだった。

これは、当時の過激的行為の一例に過ぎない。こういうことは、大概の国がしてきたので、ここで、チェコだけをやり玉に挙げるつもりはない。どの国にも、大人気ない人たちはいる。

まったく、どの国にも。

花・ベルツへの旅

話を私たちが生まれた時代に戻そう。二〇世紀には二つの世界大戦があり、世界の地図は変わった。朝鮮戦争やベトナム戦争は、普通の日本人にとっては他の国のことで、むしろ日本は軍需景気にあやかり、豊かになった。そして、私たちは冷戦体制の「平和」を享受して生きてきた。その間世界は、核兵器も含むどれだけの武器を生産したかなどは考えることもなく。

私たちが飢えることもなく生きている傍らで、どれだけの人々が不幸にあえいだか、そのことを忘れた事はないけれど、私自身も、一人で外国へ出て自分の足で歩くことで精いっぱいだった。しかし、それでいいのか。結局何もしないで、年を取り死んでいく、そのために生まれてきたのだろうか。そんな漠然とした気持ちに、いくつかの要素が作用して、無為が行為に移行するきっかけになることがある。その時が来たのだ。

ベルリンの壁も冷戦体制も崩壊した。東西ドイツが統一（一九九〇年）した。反面、チェコスロヴァキアは分裂した（一九九二／三）。かつてドイツの影響から解放されたかったチェコはスロヴァキアと組んでチェコスロヴァキアという国を作ったが、スロヴァキアは、プラハ中心の新しい国で約束されていたほど同等に扱われなかったので、チェコから分離して、自分の国を作りたかったのだろう。スラヴ系といっても、ハンガリーの影響を強く受けているスロヴァキアは、戦時中ナチの力を借りてもチェコから分離しようとしているので、私は単純にこんな解釈をしている。

初めてカールスバードへ行ってから、四年後の一九九三年、私は、自著「花・ベルツへの旅」を描き終えた。書く気持ちで花さんを探したのではなく、彼女に教えてもらいたいことがあって追いかけているうちに、その行為が文字に変わっていったのである。

草津の中澤さんは、ベルツの収集した「(帰って来た)浮世絵」展に力を入れていた。私も草津町で、「花・ベルツ展」をさせていただいた。外国に出た日本人の生涯をいわゆる「苦労話」に留めないで、新しい社会にどのように溶け込み、異文化に橋を架けようとしたかを見て頂きたかったのだが、その意図は表現できただろうか。明治大正に外国人の妻として渡航した日本女性は数人いるが、私が一番好きなのは花さんである。

初めてこの名を聞く人のために、彼女の人生を荒く辿ってみよう。

花さんが生まれたのは元治元年(一八六四)。上野の戊辰戦争(一八六八)を逃れた「父」を訪ねて豊川へ歩いて行った。幼い花さんは、荒井はつと呼ばれていた。だれが彼女を豊川へ連れて行ったのだろう。実の母がついて行ったという形跡はない。祖父に養われて、豊川は少女の心の古里のようになったようだが、戸籍上、親族で断定できるのは東京に生きていたらしい母親だけである。

東京に戻った花は、日本へ来たお雇い外国人ベルツの「身の回りの世話」のために住み込み奉公に入っていた母を訪ねて、加賀屋敷（現在東大構内）に出入りするようになった。やがて、美しい娘に成長して、ベルツと愛し合うようになるのだが、ベルツが彼女に愛を感じたのは、おそらく、コレラ流行の際、学生達が逃げてしまったのに、彼女が汚れた白衣を洗っていた時ではないだろうか。だが、男女の愛の始まりなんてものは、本人が記録してでもいなければ分かるものではない。

とにかく、花は二九年ベルツと暮らし、男女二人の子供を産むが、娘の方は早逝。一〇歳の息子を、一九〇〇年に教育のために単身ドイツへ行かせたのは、ベルツの考えだったのだろう。ベルツの最終的帰国（一九〇六）の前に、品川の教会で正式に結婚して、ドイツへ渡った。横浜を出航してシュトットガルトへ。だが、六年ぶりに再会した息子は、難しい歳になっていたし、親子の間には取り返しのつかない亀裂が生じていたようである。

一九一三年、ベルツ他界。翌年、第一次世界大戦勃発。

日本は青島《チンタオ》のドイツ租借地に宣戦布告。同盟国イギリスの要請を受けて、ドイツ人守備隊の何倍もの日本兵が青島へ送られた。三か月で武器弾薬を使い果たしたドイツは降参。青島は陥落し、六千人に近いドイツ人捕虜が日本へ輸送された。この捕虜に関してはいろいろな逸話が残り、解放後日本に留まった者もいる。何本かの映画も制作された。

ちなみに、ベルツの同僚、外科医スクリバ博士の日本で生れた息子もドイツ人として戦い、久留米や習志野で捕虜生活を送った。ベルツの息子は西部戦線から生還して、後に、映画を作るために日本へ来て、奇しくも、父親が教鞭を取った東大の病院で没した。このように文化の狭間で生れて死んだ人たちの運命というものは、実際、大方の日本人には何の影響も与えていない。彼らは「外人」だった。

第一次大戦中、敵国人としてドイツで過ごした花は、終戦後の一九二二年、戦勝国フランスの厳しい検閲を通過してマルセイユを発ち帰国したが、ベルツが日本に残してきた蓄えは、敵国財産として没収されていた。それでも、多少の財産はあったようだが、すでに世に出ていた夫の弟子たちに支えられて晩年を過ごし、「欧州大戦当時の独逸」という本を自費出版する。「海外渡航する人の参考として」と謙虚に言っているが、渡航案内を越えた内容豊かな本で、日本が第二次大戦に向かう時代、戦争の悲惨さを語ることさえ危険だったにもかかわらず、戦争というものの現実を綴っている。しかも、メモしていたものが関東大震災で焼けてしまって、記憶を辿って書きなおしたというから、かなりの記憶力の持ち主だったといわなければならない。

昭和一二年（一九三七）、花は、かつてベルツが教鞭をとった東大病院で他界した。

「また戦争なんですね。戦争の時に生まれて、戦争の時に死ぬのでしょうか」

と、繰り返していたという。蛤御門の変、長州征伐、鳥羽伏見の戦い、戊辰戦争、奥州戦争、函館戦争、西南の役、日清・日露の戦争、第一次世界大戦、日華事変と、時代は戦さの鎖でつながれていたのである。彼女は、一九四〇年に開催されるはずの東京オリンピックに、まだ見ぬ孫娘（息子の庶子）を招いていたが、花も逝き、日華事変が起きたので、日本はオリンピックを返上（一九三八）し、孫娘が日本へ来る理由もなくなった。間もなくドイツも日本も戦争に突入した。

花・ベルツの墓は下谷の法清寺にある。草津温泉の道の駅に遺品のコーナーができた。そして、愛知県豊川市西明寺には、花の建てた（一九三〇）ベルツ供養塔がある。花は、草津温泉にあるハンセン氏病の療養所にも家を一軒寄付している。

愛知の人たちと出逢った

花・ベルツについて書いているときは、激動の時代だった。

一九九一年末にソ連が崩壊すると、東欧は新しい秩序を作るまでの混乱期に入った。

旧ユーゴスラヴィアは崩壊し、一九九一年から（二〇〇〇年まで続くことになる）内戦が始まった。エルヴィン・ベルツ博士生誕一五〇年である一九九九年も、欧州は揺れたままだろう。

この人の日本における西洋医学発達への貢献と、夫妻の生涯を象徴する何かを残したいということは、花さんを追いかけている頃から考えていたが、世の中が荒れている時にはなおさらに、文化の狭間で人間への愛を失わずに生きた人の足跡を何かの形で表して、異民族同士の平和共存を主張しなければならないと思った。この考えに取りつかれて、私は、暗中模索を続けていたのである。その心の片隅に、石庭の微かな鼓動が聞こえたが、そのようなものが作れるはずはない。数人の石立僧の影が通り過ぎた。


そんな折、後にたくさんの実をならせる出逢いがあった。

愛知県の造園緑地建設の業界に進歩的な人達がいて、人工的護岸工事などによる自然破壊への反省から河川の近自然工法や再自然化を学ぶために、南ドイツの州山岳地帯に技術者を派遣して、アルプスの麓の河川工事の現状を勉強させていた。一九九四年の事である。

この技術者たちに、河川工事の研修はしたけれど、この国の歴史も文化も知らないのではないかということで、帰国前にミュンヘン市の観光局に連絡、公認ガイドとして登録されていた私に電話がかかってきたのである。緑地工事や造園などの仕事をしている人たちと初めて出会ったのだ。その中に、浦安生れで、東京教育大（現筑波大）で国文を専攻したという知的な庭師（現在樹木医）の板倉賢一さんがいた。

「ミュンヘンを知ろうよ」なんて言ったのが、彼でなくて誰だったであろう。この出会いが、その後の発展を決定的なものにしたのである。若い頃、演劇などもしていたという多彩な才能の持ち主の彼は、当時は名古屋植木の社員だった。藍染の職人衣装の似合うこの独特な彼がどんな人かは、会ってみなければ分からないとしか言いようがない。急の話で私の案内は半日にも満たないものだったが、間もなく再会できるような気持で別れた。

案の定、翌年名古屋から連絡が入った。板倉さんが働いている名古屋植木の堀田和裕さんが業界の課題として、河川の近自然工事などの映画を作り、全国の同業の人達の参考にしたいということであった。従来の護岸工事では自然を閉じこめて、反って自然が反撃してくる。よりよい護岸工事は、「河は河にまかせろ」というものだという。そのような方法論に基づく工事や、関連の施設や、環境などの映像をドイツで撮る仕事であった。このテーマは、私には初めの体験で、自然の底に潜む意志を見せてもらった。当時、環境破壊が気になり出したころで、大変勉強になった。

幸運だったのは、この仕事を通して、カールスバード（カルロヴィ・ヴァリイ）に石庭を作りたいという私の希望に耳を傾けてくれる人達に会えたことである。撮影の後の夕食で、私は毎晩のように、チェコだ、カールスバードだ、ベルツだ、旧ユーゴの内戦だ、異文化共存だという話を繰り返した。いつか、堀田さんが「面白いんじゃないか」と言ってくれるまで、おそらく、一座がうんざりするほど話し続けたのだと思う。

「でも、一度、そのカールスバードって所へ調べにいかなくちゃね」

そして、堀田さんは、帰国後、他の業界有力者に相談してくれたのだと思う。

彼は間もなく、樹木医の鈴木重蔵さんと、後に愛知万博の日本庭園を造ることになる庭園作家の野村勘治さんを連れてミュンヘンまで来てくれた。一九九七年の夏である。このときは、到着後の旅費が私の責任で、野村さんが「木賃宿に泊まった」とどこかに書くくらい質素な旅だった。車を運転したのも私でみんな怖かったらしいが、とにかく四人でチェコへ向かった。古都レーゲンスブルグでドナウ河を渡り、ヴァイデンの手前をヴァイトハウスへ。ここが国境である。それからマリエンバードの手前をチェコの国道二〇号線に入り、デコボコの田舎道をいく。

西ボヘミアは寂れながらも、一種独特な風情を見せていた。

ちなみに、現在マリエンスカ・ラズニと呼ばれているマリエンバードは、アラン・レネエの「去年マリエンバードで」という映画で世界的に有名になったが、マリエンバードであの映画の撮影場所をきいても分からない。この映画は、ミュンヘンのニュンフェンブルグ城で撮影されたのである。ゲーテの詩集「マリエンバード悲歌（エレジー）」は、もっと有名かも知れない。七二歳のゲーテが一七歳の乙女ウーリケに失恋した時の悲痛な詩である。ボヘミアからワイマールへ帰るゲーテの道沿いにフランツェンスバードという温泉があって、カールスバード、マリエンバードと共に温泉三角形を作っている。いつだったか、草津の沖津さんに、「草津と伊香保に組み合わせるには……」と聞いたら、「水上温泉でしょうね」と言われた。そんなものかもしれない。

石庭作庭が可能なのか未定ながら、初めからプラスの雰囲気が漂っていたように思う。後に野村さんの口からよく出る「前向きに考えましょう」なのだった。

カールスバードに着くと、博物館のブラホヴィッチ博士、パーヴェル市長、クアーパーク課長のツザンナ・マチェシコヴァさん、それに森林監督官サリンガーさんなどが待っていてくれた。初めて会う私たちを前に、彼らも半ば半信半疑だったのではないだろうか？

ただ、冷戦体制が崩壊して、だれもが解放された気分で、東欧は自由な空気に包まれ、何でもできそうな雰囲気が満ちている時代だった。鉄のカーテンがなくなった直後のあの何とも解放された気持ち。あのころは、まさか、まだプーチンのような人が現れるとは思わなかったのだ。

前もってブラホヴィッチ博士と町を歩き回り、作庭の場所の候補を挙げておいた。だが、私自身一番気に入っていたのは、後で実際に決定した場所である。町の中を流れるテプラ川の南側の公園の中、ベートーヴェンの銅像の後ろである。背景のボヘミアの森におおわれた山に昇る月の光に石庭はどれだけ映えるだろうと思うような場所だった。

ドイツ・オーストリアのものがみんな取り払われた時代にも、ベートーヴェンは残されたのだ。

誰からも異議が出ない。野村さんもこの場所が気に入ったようだった。

写真 1-6：19 世紀前半のカールスバード

「やった！」、土地は市の所有だから、市が賛成なら問題はない。パークの木々はそのままにしておこう。歴史が育くんだ自然には手をつけない。

だが、石は何処から？

それまで、幻想だった石が現実になる。まるで、ズームレンズでクローズアップするように石の存在が近づいてきた。石なのだ。石は雲のようにふくらんだ。

始めに石ありき

写真 1-7：古き良き時代の飲泉場

初めての石庭だから、私は無知だった。それまで、石庭を観賞したり、自然の中で石に出会ってきたが、自分の作品の材料として石を見た事はない。石との三次元の付き合いが始まったのだ。石を自分で探してくることも考えずに、石庭を夢見ていたのだから、あきれられても仕方がない。

まず景石、野村さんの頭の中にイメージがあるらしい。私たちはサリンガーさんという森林監督官の車で山や谷を走った。野村さんは、「ありそうだ」と思っているようだった。

「どんな石を探しているんですか」

と、森林監督官が聞いた。

「表情のある石です」

と野村さんが言うと、サリンガーさんが名状しがたい顔をした。

実際の経験のない私には、その彼の顔が伝えるものが痛いほどわかった。サリンガーさんは、翌年私たちが再び現れるまで、一冬、石にうなされて過ごすことになるのだった。

景石は森で見つけるとして、それ以外の敷石や飛び石や、砂利がいる。近くに採石場があるという。（許されるなら）前の川からも……

工事用のブルドーザーやクレーン車などは、町の費用で用意してくれることとなった。道具は、鈴木さんの絵入りの表をもとに、あるものは現地の公園課から借り、ない物は現地で探す、それぞれが使い慣れた道具は、自分たちで日本から持ってくる。

セメントは、町の負担。植物はなし。

一日目にこれだけ速やかに進んだのは、公園課のツザンナさんのお蔭である。これが社会主義制度で育った人かと思うほど、彼女は合理的で融通が利き、頭がよく、親切で、それに、美人だった。とにかく素晴らしい人で、今でも仲良くしている。

それに、何くれとなく世話をして気を使ってくれる観光局のフラディルコヴァさん。決して声高になったりしない、大柄で、穏やかな人柄。後に、草津温泉にもお誘いした。こういう出逢いは、宝くじを当てたようなものである。

そこまでの段取りをすると日が暮れて、日本から来た人たちには二日目だから、食事して休みましょう、ということになった。私は、非常に簡単なスケッチを野村さんに渡した。下手な絵だったから恥ずかしかった。

石庭は円形にしたい。円を二分して、理想と人間が向き合っている、そして人間はいつか理想と一体化するという非現実的なテーマもテーマながら、稚拙なスケッチを臆面もなく、一流の設計家に見せるのだから、呆れられたかも知れない。

相対する「理想と人間」は他のものに置き換えることもできる、「例えば、洋の東西でも、男と女でも、何か異質の物同士でもいいんですけど」

「ふむ」といって野村さんは部屋へ引き上げた。

翌朝、鈴木さんが、「もうできているようですよ」という。

「えっ!」 野村さんのスケッチを見せてもらった。

そこには、ダイナミックな三つ巴と、二つの勾玉が向き合う、陰と陽のいわゆる韓国巴があった。私は後者の方が好きだった。生意気な口もきいたはずだ。

しかし、ことは順調に進んだ。あとで聞いたことだが、実は野村さんも曲線に挑戦するつもりだったのだ。関係者の周りに言葉にならない信頼が漂った時に、ある種の力が生まれたような気がする。すっかり石庭ができるような気持でミュンヘンへの帰路に着いたことは、今振り返っても不思議なのだが、この旅の野村さんのテノールは今も耳に残っている。どんな人か、まだわからないけれど、一緒にやれそうだと思った。それに、例え私が誰かとぶつかったとしても、こんな仕事をする時に、終始仲良しクラブで進むはずはない。

一行が帰国。間もなく、野村さんから素晴らしい設計図が届いた。

その設計図をカルロヴィ・ヴァリイに送って、承諾を得、それを基にツザンナさんと私のやり取りが始まった。彼女と石を見に行ったりもしたが、二人とも石庭を作った経験はないので、夢を語りあうことで終わる。

「いつか、京都の竜安寺の石庭を見せるわね」、というような結論で逃げていた。竜安寺、古典と現代が共存し、限りなく遠く、とめどなく近い、抽象的ながら、歴然としているその庭を観賞して、深く感動することはあっても、作庭の実態がどんなものだったかなどは知る由もない、私はど素人だったのである。

実際の作庭となると、技術者、材料、機械、設計、測量、輸送などなど大変なことで、振り返れば、現場の動きに一切無知だった私が、どれだけの人達に支えられてきたことだろう。また、野村さんには、最初の庭から今日に至るまで、多くの事を教えてもらった。

彼は私のことを、「とにかく、何にも知らない人だよ」と言っていたらしい。

私は自分の滞在費と、近くのホテルの社員食堂でする昼食くらいしか払えない。日本からの技術者の旅費、滞在費など愛知県の組合が持ってくれることになった。草津町に石灯籠を寄贈して頂き、ミュンヘンとカルロヴィ・ヴァリイの作業班往復には、ベルツ博士の生地ビーティックハイムからバスを出してもらった。

作業班への謝礼とかは、日本側に一任したので、私はお金を見たり計算したりする必要もなく、物事は絵本の中のように進んだ。このとき以来、作庭の仕事は霞を食べて生きている仙人の仕業のようなイメージができてしまった。

お金とか事務的なことを知るのはずっと後のことで、まずは自分の旅費だけ持って出かけて、作品のことだけ考えていればよかった。

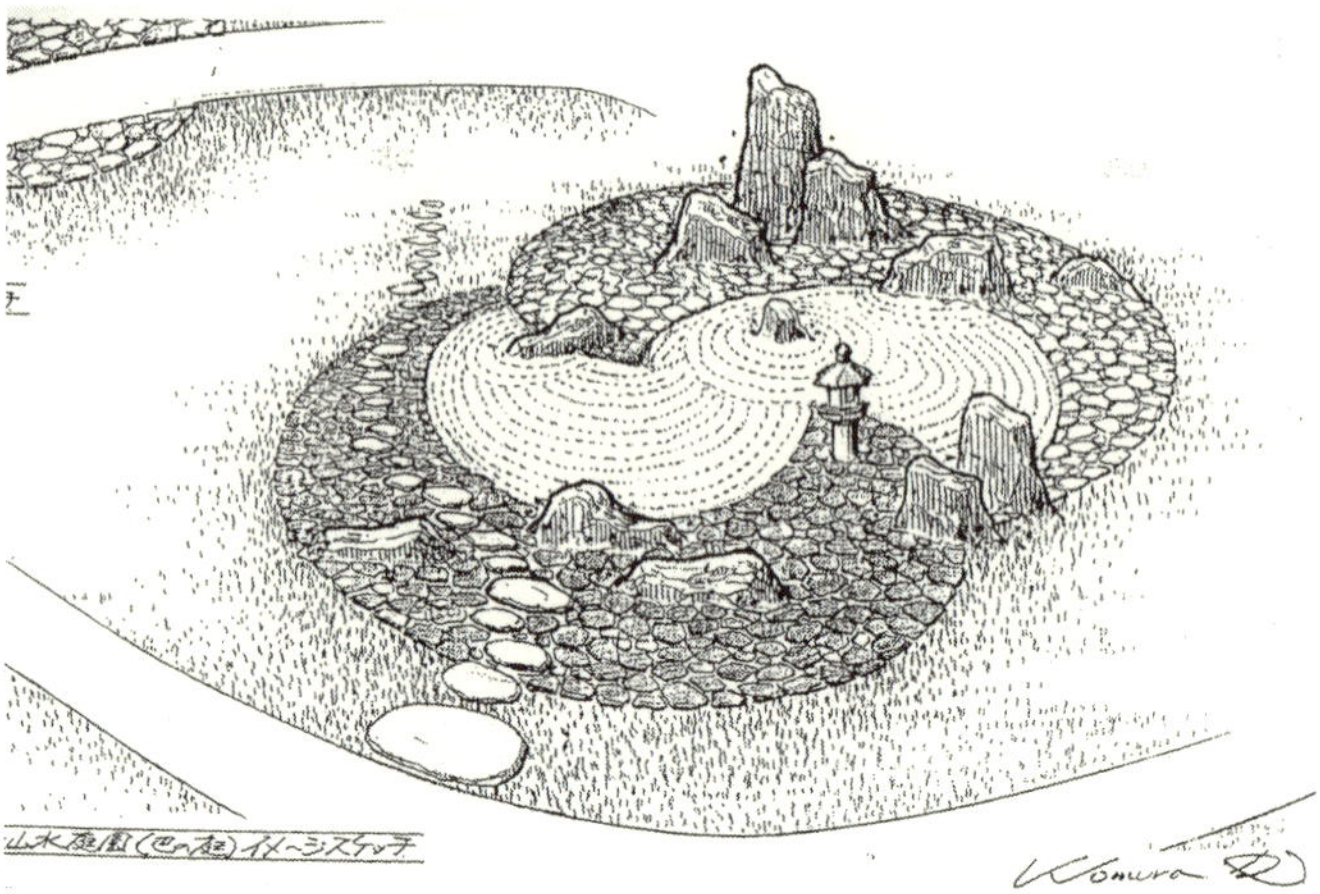

設計図・事前に書かれた野村さんの見事な設計図。

写真 1-8：石の搬入

写真 1-9：最初の景石

写真 1-10：ジョージさんと現場の短い休憩

チェコとドイツと日本の協力。図らずも、私が夢見ていた複数の国の参加が実現したのだった。

ゲーテさん、おはよう

そして、翌年、一九九八年の六月二日、ロンドン経由で作業班が到着したのである。ロンドン空港の待ち時間が六時間だったということで、皆、疲れて土気色をしていた。

ロンドンとかパリ乗り換えと聞くといつも変な予感がするが、案の定、荷物が一つロンドンに積み残されていた。しかし、別送する費用を抑えるために、四つにばらして預けた石灯篭は四つとも無事到着。石を扱う人の丁寧な包装に感動する。これが一八〇キロもあったので、そのしわ寄せが私物に来て、最小限度に抑えた衣類は毎日の洗濯で補うことになっているという。

作業班は、野村さん、板倉さん、鈴木さん、それに、初めて会う五人、野田高由（中部グリーナリー）、梅村久雄（石捨）、奥村誠（丹羽造園）、市川雅之（市川造園）、高瀬彰徳（豊国造園）、岩田哲也（大島造園）という顔ぶれで、計九人。愛知県下の色々な会社が社員を派遣してくれたことになる。どこの馬の骨ともしれない素人の私が庭を作ると言い出したのに、こんな立派な作業班が来てくれて、嬉しいやら、申し訳ないやらで、どんな挨拶をしていいかわからなかった。作業班は、ベルツ花所縁の豊川西明寺にお参りしてきたという。花さんを追いかけていた折に何回かお邪魔して、私も永田恵照住職にはお世話になった。

西明寺にはベルツ博士の供養塔や、袈裟《けさ》に使うようにと、花さんが贈った緞子《どんす》の帯がある。庭が完成した暁には、「花・ベルツ日本庭園」以外にどんな命名があっただろう。

一行は、ミュンヘンで一泊して、翌朝カルロヴィ・ヴァリイへ向かった。到着すると、手際のよいツザンナさんと打ち合わせ。作業班はすぐに現場へ行き、早速測量開始。その結果、石庭は設計図の九〇%のサイズに縮小してまとめることになった。

宿舎は現場から徒歩一〇分くらいのペンション、ヴィラ・バシレイアで、かつて教会の建物だったという。社会主義時代、宗教は無視されて教会も荒れるにまかされていたが、自由化後修復されてペンションになった。当時は納屋や厩になっていた教会も少なくない。崩れ落ちてなくなってしまったのさえある。ヴィラ・

バシレイアは、町はずれの川沿いに立つ一軒家で、川の向こうの散歩道にはゲーテの胸像が立っている。

朝窓を開ければ、

「ゲーテさん、おはよう」で、一日が始まる部屋もあった。

なんて、文学的な環境なのだろう！

作庭開始は、六月四日だから、それから一五日まで、一一日で庭を完成したことになる。緻密な段取りは、天気に拘らず実行された。チェコで二〇〇年ぶりという三五度の晴れの日も、一六度で雨の日も。雨に降られて、私はゴム長も持たずにきたことに気が付く。傘さして、半分濡れたセーターとグショグショのスポーツシューズに震えながら、技術者たちの慣れた服装に感心するのだった。石灯籠のために私物を減らしても、やはりプロの準備は違う。日本から来た作業班の規律がチェコの人達を感心させるのに時間はかからなかった。フラディルコヴァさんと一緒に買い物に出かけた市川君が、バスの中で老人が乗ってきたら、すぐに立って席を譲ったという

写真 1-11: シラー

写真 1-12: ゲーテさん、おはよう

ので、彼女は日本の若者は立派だと目を丸くした。

わが国にも、そういう人ばかりではないのですと、私は小さい声で。

ボヘミアの森の息づかい

六月五日

野村さんと数人が石を見つけに行っている間に、現場前の川から石を集める者、日用品の買い物を任される者、現地の保養公園課で道具の点検をしている者がいる。いい景石が見つかるかが一番心配だった。石が見つかれば、石庭は半分できたようなものとか。その保証もないのに、工程表を作り、これだけの作業班を派遣するというのは、「聖なる楽観」とでもいえばいいだろうか。この「聖なる楽観」は、これからずっと私を支えるようになる。

実際、ボヘミアの森をそれほど奥深く入らずに、二つ目の候補地で、いい石が見つかりそうだった。サリンガーさんが、すでに野村さんのほしがっていた石のある場所を見つけておいてくれたということに驚かされる。あれだけの説明で……随分、勘のいい人だ。だが、なぜか彼は、あれ以来姿を現すことはなかった。いつも森に入っているという。仙人のような暮らしをしているのかもしれない。

ふと、神聖ローマ帝国皇帝カール四世の狩猟用ラッパが聞こえてくる。ウェーバーの「魔弾の射手」か。何百年も変わらぬ森の息遣い。

それは、一三七〇年のことだったという。

狩りをしていた神聖ローマ帝国皇帝カール四世の猟犬が鹿を追って行ってけたたましい叫び声をあげたので、近付いてみると犬は湯の中に落ちていた。カール四世が怪我をした足を湯につけると治ったというのである。これが温泉発見伝説だが、温泉は実のところ一一世紀頃から、ドイツ語でヴァルムバード、スラヴ語でヴァライと呼ばれていたらしい。カール四世の父、ルクセンブルグのヨーハン（一二九六―一三四六）もこの土地を知っていたという。ヨーハンは、一四歳で一八歳のチェコ系貴族プシェミスル家の最後のプリンセスと結婚して、後にボヘミアの王になった人だ。神聖ローマ帝国ハインリッヒ七世の王子で、パリで育ったが、ボヘミアの王となって欧州を駆け巡ることになる。波乱の生涯の晩年は盲人だったので、盲人ヨーハンとも呼ばれている。彼の息子、のちのカール四世は、父親にドイツ語を習い、母とチェコ語を話した。七歳の時に母が逝き、フランス王に嫁した叔母の元へ送られ、フランス語を学んだ。それから、それまでの名前ヴェンツェル（チェコ語　ヴァツラフ）を、カール大帝（シャルル・マーニュ）にならってカールと変えた。これだけでも、彼が何を考えていたか想像できる。

この土地にカールスバードという名を与えた温泉発見伝説は、カール四世が一三七〇年にニュルンベルグから勅書で、Cで始まるカールスバードに都市権を与えているのにからんで、出来上がったものではないだろうか。

「ここである程度見つかりそうだ」と野村さんが言った。

そこで、最初の石を掘り出すと、次から次へと石が出てきたのである。

まるで大地が出産しているように、次ぎ次ぎにクレーンに引き出される石は、ロシアの白黒映画に出てくるような時代物のトラックに積まれる。公園課の人達も何人も助っ人に来ていた。私が初めて体験するダイナミックな作業が始まった。当時の写真を見ると、森の中には多分学生だった現在の市長が、作業服を着て手伝っている。日本の作業班も、言葉の違いはともかく、ボヘミアの森の中で共通の目的を意識しながら緊張を和らげていったようだ。

自由化後間もないことで、輸送の規制も他の各種規制と同様に、再考中という感じで、落としたら大変な石を二回に分けて一五個、極めてアンティークなトラックで狭いクアーゾーンを赤い布もつけずに運ぶシーンは人目を引いた。私はツザンナさんの小さな車で、どうか何事も起きませんようにと祈りながら体を縮めてついて行った。

目の前に積まれている大きな石の迫ってくる感じは忘れられない。こんな大きな石で日本人は一体何するつもりだろうと、現地の人は首をかしげたに違いない。

一番大きな石の高さは二、三メートル、八トンはあるだろう。見上げるような巨石である。このようなものが半分近く土の中に入ってしまうと、信じられないくらい大人しく、したり顔になるから不思議だ。景石の傍らに飛び石なんかも揃ってくると、こんなにたくさんの石を持ってきてどうしよう。大変なことになった。一瞬、怖くなった。

土の中から掘り出されて光を浴びている石は、永い眠りから覚めて、興奮している。勝手なことをする人間にもの凄い圧力をかけているようにさえ思えた。

レッカー車、トラック、バックホーなどに囲まれて、私たち日本人九人、現地の方一〇人、そして石、石、石。

現地で自由化後に独立したジョージさんは、面白い車で参加していた。

廃物利用で組み立てた手製の機械なのだ。骨董品の農業用トラクターの前にシャベルを付け、後ろにはバックホーみたいに、先端にバケツを下げたアームを取り付けてあった。これで何でもできてしまいそうだ。こんな工夫をして開業したジョージさん自身も、小回りが利き、明るく勤勉だった。社会主義の時代に育っても、このように目先の利く人は、早く成功するに違いない。時代の変化に敏感に反応しているジョージさんのとぼけた賢さは、私たちの緊張も和らげてくれた。

なんと、もう、一番大きな本尊石が立ったのだ。

六月六日
景石が三つ立つと、不思議な雰囲気が漂う。微かな石の囁きが聞こえるようだ。

そしてこの日、なんと、景石がみんな組まれてしまったのだ。

「石が語りあっているでしょう」

一瞬、野村さんが魔術師に見えた。

彼、本当は画家になりたかったのだという。

でも、農業を営むお父さんはこの職業には反対だったので、東京農大に入った。だが、それはちょっとしたトリックで、実際は芸術を目指し、造園を学んだのだった。当時、私はまだその価値を把握していなかったが、彼の宝は重森三玲（一八九六―一九七五）に叩き上げられたことである。昭和を代表する庭園作家重森三玲は、伝統を裏切ることなく、近代絵画の影響を受けて、独特な作風を創った。静寂の中の物凄い動きと動きの中の静寂がある。沈黙の渦が醸し出している力が押し寄せてくる。私は、重森三玲の世界に誘ってもらったことに感謝した。


野村さんの石組の仕方を見ることは私にとって新しい世界で、神様が世界を作っている場面に遭遇したかのような感動を覚えた。だが、この神様、石組をしていない時はワインからビールに切り替えた変なバッコスの神。これも一種の神様だから、彼とは、声が高くなってもけんかにならない。時と共に、正直に話し合える友人の一人になった。

チェコへ行く前に、野村さんと京都へ行って勉強させてもらった。まず繰り返し出た名前は小堀遠州（一五七九―一六四九）であった。南禅寺方丈、金地院、曼珠院門跡などを見せていただいた。これだけでも、素晴らしい授業だったが、作庭を始めると、今度はかなりの力で重森三玲が蘇ってくるのだった。初めそれが何だかわからなかった。私は何を見ているのだ。この強烈な刺激の本質が顕在化したのは、後に京都の東福寺八相の庭、松尾大社、瑞峯院、重森邸、山口市の常栄寺、大宰府の光明禅寺の庭などを見てからのことで、まずはすべてが新しく、衝撃的だった。

また、私は横浜を船で出てこのかた、このように日本人の作業班と集中的かつ創造的に仕事をするということがなかったので、嬉しかったし、石や土や水に触れて、すべてに感動した。息子のような若者と意志の伝達ができる。目的を前に団結している時、彼らが出してくる一番いいものが、古里への郷愁を呼び起こした。

景石の石組に並行して、飛び石の配置が行われていた。

到着三日で、仕事は目覚ましく進行した。

六月七日の日曜日、初めてのお休みの日、私がぱっとしない素人の演奏会などを聞いている間に、作業班はバスでピルゼンへ出かけた。ビールである。野村さんが本場のピルズナー・ウアクヴェレ（よくウルケルと書いてある）を飲みにみんなを誘ったらしい。このビールは、その名のごとく、ザーツ地方のよいホップを使って作られたドイツ風ビールなのだ。

チェコだ、ドイツだと、どうでもいい事なのだが、ピルズナーは「ピルゼンの」という意味で、ウアクヴェレはドイツ語で「源泉」、辞書には純ピルゼンビールと書かれている。

ボヘミアがハプスブルグ家に支配されていた一八四二年、ピルゼンに呼ばれたバイエルン王国フィルスホーフェンのブラウマイスター（醸造主任）、ヨーゼフ・グロルが醸造を始めた。

それまでピルゼンの上部発酵のビールは質が悪かったので、市長が部下を、すでに下部発酵の醸造が行われていたバイエルンへ、よい醸造主任を探しに行かせたのである。グロルの醸造したビールは現地の水とザーツのホップを使ったので、当然、フィルスホーフェンのビールとは少し違った味になった。その独特な味は、現在のプルゼンの名物である。

現在チェコでプルゼン（日本ではプルゼニと書かれているが、チェコの人はプルゼンと言っているように聞こえる）と呼ばれるこの町は、マグデブルグを手本に作られたので、立派な中央広場を囲み歴史的建物が並ぶ様子はドイツの町を感じさせる。しかし現在ここはチェコ共和国であり、主にチェコ語を話す人が住んでいるので、ピルツナー・ウアクヴェレも、れっきとしたチェコ・ビールである。

日曜の夕刻、みんながいい機嫌で「プルゼン」から帰ってきた。

六月八日と九日は、飛び石やテラス敷石を置く。敷石四〇〇個。これは、砕石場から持ってきた。そこは、月の表面みたいな殺伐とした場所で、誰も二日以上はいたくなかっただろう。写真を見ると、親殺しの罪人が送られる所のようだ。人呼んで、「カルロヴィ砂漠」。

敷石や飛び石を置く段になるとモルタルなども使う。何をしても新しい経験。なんにも知らないで、絵を描くように石庭ができると思っていたのか。現場を囲むようにドイツトウヒ、モミ、マツ、ツガ（学名、「ツガ　シーボルディ」、シーボルトが持ってきたか）、ヒノキに似たサワラ（板倉さんが詳しい）などの針葉樹が適当な間隔を置いて植わっている。クアーパークには、西洋楓、トチ、シデ、ブナ、西洋菩提樹などの落葉樹が混じって全体をやわらかくしている。このような環境で、私も次第に見習い石立僧になっていった。

ベートーヴェンさん、おつかれさま

現場の右手に落葉樹の枝を通してベートーヴェンの銅像の後姿が見え、ベートーヴェンの像が立っているだけで、辺りの空気が違う感じがした。

一九二九年に彫刻家ヒューゴ・ウェーア（一八八二―一九四五）が完成させた像である。おそらく、ベートーヴェンの本質を最もよくとらえているものではないだろうか。私にとっては、ボンやウィーンのよりベートーヴェンらしい。逢ったわけではないが、そんな感じがする。風の中を行くベートーヴェンだろうか、大きな力に押しつぶされそうになりながら、歴然と自己主張する存在。しかし、不遜ではなく、宇宙の中にあっては小さい存在ながら、自分を持ちこたえるために闘っているようだ。硬い銅の中に不思議な生命感があるので、私たちが仕事を終えて宿に帰り、日が暮れれば、彼が台から降りて石庭の方に歩いてくるような錯覚を覚える。その時には後ろ手をくんで、ゆっくり歩くのだろう。昼間に木の葉の緑が影を落とすあの後姿が、夜は月の光を浴びて。

日本人は石でどんなコンポジションをしているのかなと思いながら、彼はゆっくり歩くのだ。ここでピアノ・ソナタ一四番（一八〇一年作、日本では通称「月光の曲」）を思ったりするのは、月並みかもしれない。他のソナタでもいい。そう思うと、このイメージは私の心から消えることがなくなった。それで、「ゲーテさんおはよう」で始まる日が、「ベートーヴェンさん、おつかれさま」で終わるようになったのだ。天気の悪い日でも、ゲーテとベートーヴェンの間を往復する贅沢を逃したくはなかった。

ちなみに、この素晴らしいベートーヴェンを作った彫刻家ウェーアは、一九四五年の終戦直後に、チェコ人に石を投げられて死んだそうである。ナチ党員だった兄のとばっちりだったそうだ。ヴラホヴィッチ博士が、「全く無駄なことだった。彼は罪がなかったのに」と嘆いていた。当時ドイツの家庭では一人ナチ党員がいたために、家族全体が仕返しを受けるというようなことは珍しくなかったし、思想の違いで家族が割れたり離散したりもした。

写真 1-13: ベートーヴェン正面像

とくに、新しくチェコスロヴァキアという国ができるまで、オーストリア国籍だったドイツ語系の家庭では、自分が一体どこの人間なのか分からなくなったので、家庭内でも考えの違いが生じたそうである。

実は、ベートーヴェンが立っているこの場所、一九一一年にボヘミア王でオーストリア皇帝のフランツ・ヨーゼフ一世（一八三〇—一九一六）の像が立てられたのだが、第一次大戦後の一九二五年に取り除かれたという前歴も持っている。当時、オーストリアに関するものは他にも取り除かれたことだろう。

ベートーヴェンの像は、ベートーヴェンがゲーテに会うためにカールスバードへ来たことを記念して造られたものである。彼はゲーテを大変尊敬していて、いつかゲーテに会いたいと思っていた。一八一二年、カールスバードへ来る前にベートーヴェンは、耳の治療のため、テプリッツ（現テプリッチェ）に滞在していた。このときの逸話は、作家ベティーナ・アルニムに脚色されているらしいが、二人の巨星を語るときによく引き合いに出される。

ゲーテとベートーヴェンが散歩していた時に、オーストリア皇妃（ナポレオンの第二の妃やアイゼンシュタットのエスターハージー候などもいたらしい）の一行に出会った。ゲーテは道を空けて敬礼したが、ベートーヴェンはそのまま歩いて、「ベートーヴェンが歩いている時に道を空けるのは、そっちだろう」といったとか言わなかったとかということなのだ。皇族の方が道を空けたというのも、ベートーヴェン崇拝者には「やんや」の場面である。この話、もっともらしいので、ロビーを得てしまった。二人の天才の社会性の違いには宿命的なものがあったが、ゲーテはテプリッツで三日間続けてベートーヴェンの演奏を聴いて感動している。ゲーテがテプリッツから妻に出した手紙には、次のように書いてある。

「これほど密な存在、力強く誠実な芸術家を見た事がない。世界を前にして彼がいぶかっているのが、ひしひしと伝わってきた」

ゲーテは、ベートーヴェンを分かろうとしたらしいが、宮仕えの身で、ベートーヴェンのような振る舞いはできなかっただろうし、社会への嫌悪をあからさまにすることに意味も感じてなかった。そのようなゲーテの態度はベートーヴェンを苛つかせたに違いない。そんなテプリッツの出会いではあったが、ベートーヴェンは、もう一度ゲーテと話したくて、カールスバードへ戻ってきたのだ。だが到着すると、ウィーン郊外の保養地バーデンの火事の知らせが入っていた。バーデンには友達もいる。

ベートーヴェンは、さっそく義捐金演奏会をしたのだが、寄付はあまり集まらなかった。がっかりして、耳の病気に効くというフランツェンスバードへ発った

写真 1-14: ドヴォルザーク立像

のだが、フランツェンスバードにいると、ゲーテがカールスバードに行ったという噂。ベートーヴェンはふたたびカールスバードへ戻ってくるのだった。

二人は、再会した。そして、長い散歩をした。そのとき、ゲーテとベートーヴェンが何を話したかは何処にも書かれていない。だが、その後二人は二度と会うことはなかった。

「彼に会ったのはカールスバードだった。今ほどではなかったが、耳はかなり遠かった。偉大な人物には耐えねばならないことがたくさんあったのだ」

とゲーテは後に語っている。

ベートーヴェンのボヘミア旅行に関しては、青木やよひさんが下さった本『ボヘミア・ベートーヴェン紀行―不滅の恋人の謎を追って』（東京書籍）が面白い。ここでは、ベートーヴェンは不滅の恋人に会うためにカールスバードに来ているのだ。不滅の恋人の話をもっとききたかったのに、故人になられてなられてしまった。

ゲーテとベートーヴェンが長い散歩をした道だけは今も残っている。ショパンも、リストもブラームスやワグナーやドヴォルザークも、それぞれの思いを抱いて歩いた道である。

石庭を作る日々、この道を歩く幸せに包まれて、そのうちの誰かにでも会えたら、日本で彼らの音楽がどんなに愛されているか話してあげられるのに、と思ったりもした。

写真 1-15: ブラームスの家

願わくば、リストかブラームスに会いたい。ワグナーは音楽を聴いているだけの方がいい。

湯治客ブラームスが、町の入口にある駅馬車館へ演奏会を聞きに行くと、丁度ブラームス作品が奏されたのだという。作曲家を見つけた聴衆が、スタンディング・オベーションだったとか。だが、当人は、「湯治に来ているので……」と無愛想に出て行ってしまったそうだから、ブラームスには、町で会っても黙っていよう。リストなら、会釈くらいしてもいいかな。


さて作庭に戻ろう。

六月一二日までは、石に埋まって、シジィフォスを思わせる仕事だった。敷石と築山玉石のために、選択可能の石を多めにそろえなければならない。町では規制を再考中とはいえ、見知らぬ者が川からやたらに石を運び出しているのを見て、文句がつかない方がおかしい。ツザンナさんはかなりの責任を負ってくれたようである。野村さんが、後ろに玉石の築山を築き、手前にテラス敷石を敷いて、木曽川の下流の蔵の土台を水平にした形の玉石積みと、岐阜、尾張、三河の城の石垣を水平にした形のコントラストを思いついた。時間や材料に制限のある仕事では、創造性が汲み尽くされる。敷石も、柔らかい動きを感じさせながら、揺るぎなく敷かれている敷き方は、経験と技術とファンタジーを要求する。

しかも、終日、雨が激しく降っていたのだ。雨は、石にも砂にもセメントにも降った。

働く人の雨具から一日中雨のしずくがポタポタ落ちた。寒かった。

一〇日には市長や保養公園課や広報の人達と会食。

少ない衣類は洗濯しても雨で乾かない。岩田君は和風の寝間着で出席。寝間着と知らない人には、エキゾチックでなかなか評判だった。エキゾチックと言えば、板倉さんの本格的職人の作業着は「はんてん、ドンブリ、パッチ、手甲、脚絆、地下足袋」とすきがなく、初日から話題を呼び、土地の新聞に取り上げられた。

一一日には、鈴木さんが帰国。

一二日は、作業班の疲労はピークに達した。

一三日、雨は止んだが辺りは湿っていて一番寒い日。

時々見学者。反応は好意的。女子高校生からボランティア助っ人の申し出があった。ありがたかったが、この頃になると、持ち場が決まり技術が要求されていたので、丁寧に断った。彼女たちと一緒にやりたかった人もいたかもしれない。

完成の目途がつく。山を越した疲労にラストスパートがかかる。

写真 1-16: リッチモンド・ホテル

私は、それまで、初めての体験に興奮してうっかりしていた午後のコーヒーに気がつき、パークに面して建つホテル・リッチモンドにコーヒーを買いに行く。品のいいカップの乗ったお盆をもったまま転んだりしないように、しかしコーヒーがさめないように、ソロソロと、しかし急いで現場へ。それでも受け皿には褐色の輪ができた。

「おいしい」、の声。

リッチモンドは、一八五〇年に別の名でカフェとして創業した由緒あるホテルで、建物は現在文化財として保護されている。最近では、PRに、「ベートーヴェンの像

写真 1-17: 完成した石庭と作業班

と日本庭園のあるクアーパークに面する老舗」と書かれているのが嬉しい。私も、説明するときには、石庭はベートーヴェンの像とリッチモンド・ホテルの間にあります、と言っている。

我々の昼食はこのホテルの社員食堂だったが、味の方は……市長招待の会食の料理と同じホテルの厨房とは思えなかった。しかし、私の耳に不平は入ってこなかった。

「珍しいものを食べた」と言っている人はいた。私もそう思う。

一四日の日曜日は二回目の休みで、プラハ見学となった。

ロシア人のたくさん乗った古い

バスに載せてもらう。

「みなさん、プラハでは物を取られないように用心してくださいね」

プラハは輝いていた。かつて、パリ、コンスタンティノープルと並び称された美しい都市、チェコ人とユダヤ人とルクセンブルグ、ドイツ、オーストリア人が作った町である。

一五日、玉石の築山が完成。海を表す中心のモルタルが乾いたので、砂利を敷いた。庭の周りの芝生の手入れ、残った石を川へもどす。石灯籠の設置。ばらして持ってきたのを組み立てて、接着剤で固定（後に宝珠が盗まれて、同じ石工さんが作ってくれたのを友人の山田清さんが手荷物でミュンヘンまで持ってきてくれたのを据え直すという後日談もある）。築山の最後の玉石の裏にみんなの名を書いて、私が置かせてもらった。

ふたたび降った雨も止み、三尊石に光もさして、全員の顔に微笑が浮かんだ。その瞬間、名状し難い感動がこみ上げて、私はワァーッと叫んで泣いてしまった。何事が起きたのだろうと、みんながびっくりしたようである。

この日の晩、世界中のお茶が飲めるという穴倉喫茶で博物館用記録の取材。

一六日、野村さんが木で作った熊手のような砂紋描きで、砂利に砂紋を描いた。

それを見て、ツザンナさんも熊手を持って、練習した。関係者だけのテープカットと、庭の引き渡し。そしてささやかなお祝いがあった。

丸い石庭

二つの勾玉からなる庭は、分かれているがいつか一緒になる二つの要素の、円を作ろうとする動きを表している。円は世界でもあり、欠ける所のない理想でもある。勾玉にはさまれた真ん中の海には亀の頭が見える。これを私たちは花さんの石と呼んだ。花さんは海を渡って、二つの世界に橋を架けようとしている。その花さんが道を見つけるように、石灯籠が光を放つ。手前の勾玉の左には、出港しようとしているかに見える舟形の石、よくすぐにこんな石が見つかったものだ。まるで神様が目の前に置いてくれたようではないか。

サリンガーさんありがとう。

この石は、横浜から渡航した花さんや、海を渡った様々な人々を象徴する。

私をここまで船に乗せてくれた花さん、ありがとう。

人が行き交い、触れ合い、文化を分け合って、力を合わせて発展を続ける私たちの世界。

みんなに、ありがとう。

後に日本の石庭や欧州の他の日本庭園も見たツザンナさんは、会うたびに、「カルロヴィ・ヴァリイの庭は世界一素敵な石庭よ」と言っている。

彼女のことをこっそり卑弥呼と呼んでいた野村さんの照れるような笑いが目に浮かぶ。

中原さんは、石庭管理の感覚を掴んでもらうために、ツザンナさんを日本への研修旅行に招いて下さった。彼女に約束の竜安寺の庭も見せることができた。

ママ、お帰り

「ママ、住むところが見つかったよ」

ミュンヘンで待っていた娘たちが、アパートを見つけてくれていた。

「カールスバードから帰ったら、ママが住むところを見つけるからね」と言ってとりあえず出掛けたが、娘たちは、定職も定収入もない外国人で、子供と犬とピアノをもって入居したい母親が、出発前にどれだけ断られていたか見ていた。それまで住んでいた家は一か月後に出なければならなかったのだった。屋根のある場所を見つけてくれた娘たちにもありがとう。

その頃の私の身辺は実際、ボヘミアへ行って石庭を作る有志活動をする余裕などなかった。そんな追い詰められた状況でも人は創造的になれるものなのだ。

近代日本を育ててくれた人々

翌一九九九年はベルツ生誕一五〇年だった。

多方面の要人、様々な人々の医者として、職業柄、「仮面を脱いだ」日本人とつきあい、（スパイの疑いをかけられて弟子の鴎外が見張り役を命じられるくらい）日本を歩き回り、日本に留まることも考えていたベルツは、いわゆるお雇い外国人の一人だった。

この言葉も明治と共に遠のいてしまったが、この人たちは、開国後の日本が、なるべく早く西欧と肩を並べるために諸外国に人材を募り、政府、省、開拓使、民間が、雇った各分野の専門家のことで、一九〇〇年までに、総数二七〇〇人（この数は資料によって前後する）に上ったといわれている。イギリス人が一番多かったが、医学者はほとんどドイツから呼ばれた。ちゃんとした辞書もない時代に、「侍の息子たち（実際には農民も商人も華族もいた）」は、ドイツ語で医学の授業を受けたのである。

明治維新といっても、新しい社会制度も整っていないし、多くの失業士族を抱えて暗中模索の政府には、産業を起こし、富国強兵を実現するとか、間もなくあらがいもなく顕在化する帝国主義的な目的とかがあったかもしれないが、学ぶ機会を与えられた若者たちは「知りたかった」のだと思う。長い鎖国の時代に細々としか入ってこなかった西洋の文化を、いまや誰にもとがめられずに学べるのだ。なんてありがたいことだったか、今の学生たちに分かるだろうか。一種のカルチャーショックで、西洋のものに過度に憧れる者も出てくるのは当然だったろう。当時の若者の知識欲と学習意欲がどんなものだったかを知ると、日本人同士がおびたたしい血を流したあの「尊皇攘夷」とは、一体なんだったのだろうと思ってしまう。

二六〇年も蚊帳の外で、政治経験のない朝廷に多くは期待できなかったろうし、攘夷に至っては、列強との武装技術の差は激しく、まともに戦う力はなかった。路上で外国人を殺すのを攘夷と思っていた程度の「志士」もいただろう。

一方、「和魂洋才」、こんなことを言う人が今日でもいるのは首をかしげる。

魂と才が、そんなに都合よく離したりくっつけたり出来るものだとは思えない。一九〇〇年一一月二二日、ベルツの日本滞在二五年の祝典の挨拶は、全文引用したいくらいだが、それは無理だから、次の部分だけでがまんしよう（訳　菅沼竜太郎）。

「……西洋の科学の起源と本質に関して日本ではしばしば間違った見解がおこなわれているように思われるのであります。人々は科学を、年にこれこれだけの仕事をする機械であると考えています。これは誤りです。西洋の科学の世界は決して機械ではなく、一つの有機体でありまして……一定の大気が必要なのであります……地球の大気が無限の時間の結果であるように、西洋の精神的大気もまた自然の探求、世界の謎の究明を目指して幾多の傑出した人々が数千年にわたって努力した結果であります。それは苦難の道であり、汗――それも高潔な人々がおびただしい汗で示した道であり、血を流し、あるいは身を焼かれて示した道であります……（西洋から送られた）教師たちは熱心にこの精神を日本に植え付け、これを日本国民自身のものたらしめようとしたのであります。

しかし彼らの使命はしばしば誤解されました……彼らは科学の樹を育てる人たるべきであり、またそうなろうと思っていたのに、彼らは科学の果実を切り売りする人として扱われたのでした。彼らは種をまき、その種から日本の科学

写真 1-18: カルロヴィ・ヴァリイの街の様子

の樹が一人で生えてくるように……（正しく育てられれば）ますます美しい実を結ぶものであるにもかかわらず、日本ではその科学の『成果』のみを彼等から取ろうとしたのであります。この最新の成果を彼等から引き継ぐだけで満足し、この成果をもたらした精神を学ぼうとしないのです……」

全文を引用しないとベルツが日本を批判しただけのように誤解される恐れがあるが、そうではなくて、この批判でさえも、実は日本に対する暖かい気持ちに支えられたものなのだ。ベルツは晩年、シュトットガルトの目抜き通りを黄八丈の着物で歩いたりして、「日本人ベルツ」と呼ばれたりした。どんなに日本を懐かしく思っていたことだろう。私はこの道を歩くと、ふと、ベルツが懐かしそうな顔をして向こうから近づいてくるような気がする。

今日、少なくとも科学や技術は「先進国」に追いつき、追い越した部分もあるかもしれないが、発展を助けてくれた人達への感謝の気持ちも、謙遜という日本人の美徳もなくしたくないものだと、私は常々思っている。

「明治という国家」で、司馬遼太郎が「ベルツなんかに日本が分かるはずはない」と一言で片づけているのは、横柄ではなかろうか。ベルツは司馬とは違う視覚を持っていたのだ。

写真 1-19: シュプルード源泉

物事をどう分かるかは、相対的なものである。似たような言い方を森鴎外もしているが、鴎外の生まれた時代を考えれば、仕方がない。だが、昭和を生きた司馬遼太郎はそうはいかない。独断的なこの作家がここまでもてはやされるのは、卓越した文章力はもとより、多くの日本人が望むように日本人を描くからだろう。頭上を飛んでゆくB29の数をやっと数えられる年に戦争が終わった世代の私は、若者に爆弾を抱かせて死地に追いやり、原爆が二つ落ちた後で終戦を迎えた日本の「民主化」をもう一度ふり返り、最近目立ってきたナショナリズムには背を向けて、それでも、日本人が深い所で持ち続けてきた美意識を探り出し、それを通して世界と会話をしたいと思っている。刀の柄に手をかけることなく。むしろ、女性を感じさせる丸い石庭を通して。

花・ベルツ日本庭園の除幕式は、一九九九年五月第一土曜日だった。毎年五月の最初の週末は温泉開きのお祝いがあって、教区の司祭が源泉を清め、一年の無事と繁栄を願うのである。このような宗教色のある祭りは、社会主義時代には中断されていたが、昔から自然の恵みに感謝をこめて、復活祭の後の五月にこの儀式を行ってきたのだという。このお祝いには、諸外国の大使や政府高官、姉妹都市の人々が招かれる。現在カルロヴィ・ヴァリイの姉妹都市は、ドイツのバーデンバーデンとベルンカステルクース（モーゼル川沿いのワイン畑の中にある御伽話の様な町）、アメリカのカールスバード（カルフォルニア）、イタリアのカッシーノとヴィアレギオ、スエーデンのヴァールベルグ、そして日本の群馬県草津町である。

色々な国の代表に交じって、草津の市川紘一郎町長夫妻、沖津さん、そして、愛知県から「土と緑の会」の鈴木重蔵さん、特に途中から助け船を出してくれた三河造園の中原信雄さん、設計の野村勘治さん、それに、カールスバードから名をもらったカルルス温泉のある登別の上野晃市長さんも参列してくださり、素晴らしいお祝いになった。ベルツの生地ビーテッヒハイム（現在バーデン・ヴュルテクブルグ州のビーテッヒハイム・ビッシンゲン）からのメッセージはバーデンバーデンの市長が読んでくれた。前もって楽譜を送っておいた日本の曲の演奏は、カールスバード・シンフォニーオーケストラのメンバーである。

除幕式には目に見えない天使がついてきた

順序が逆になるが、除幕式への旅も書かなければならない。

日本のゲストはミュンヘンで落ち合い、小型バスで二時間、途中バイエルン州の国境の町フルトイムヴァルトで休憩してから行ったのだった。丁度ここでは小規模の地方見本市の開催中だったが、ラインホルド・マホ町長が待っていてくれた。小川に沿った池付きの庭の前にある「蓮の庭」というレストランで休憩。テラスに立つと、辺りの自然が和やかで、目の前でバイエルンの森とボヘミアの森が始まる。昔は森全体がボヘミアの森と言われていたが、森の中に、目には見えないが、はっきりとした国境ができたので、同じ森が名前の違う二つの森に分かれている。

レストランは、ＥＵの助成金で建った国際会議場の一角にあり、シェフはフライブルグの人、お隣のフランス、少し南のスイスの味もレパートリーのうちで、最近では、日本の味も出そうと努力しているらしい。レストランのテラスに立って、「実は、ここに石庭を……」と「つぶやいた」のが、天使のアンプを通して中原さんの耳に入ったようである。

私としては、ここに異民族平和共存の石庭ができれば、どんなに素晴らしいだろうという熱い気持ちはあったけれど、そんなことが簡単に実現するとは思っていなかったのだが、野村さんが後で書いている。

「村木さんは決して強引に方向づけたわけではなかったが、結果として策士だった」

これを読んで思わず笑ってしまった。策士とはこういうのを言うのか。

人は、一生懸命考えているうちに策士といわれるようになっているのかもしれない。物事というものは、強い意志が矢になって周りの人にささると、その意志が伝染して、全体の空気が方向を持ってくるようだ。マホ市長が野村さんを案内しているのは、石庭の候補地を見せているにちがいないなんて気さえしてきたのだった。

誠意のある市長が一行に好印象を与えたことは確かだった。

敏腕の市長秘書ラングさんの印象も良かったかもしれない。

こちら側としては、野村さんも辺りに信頼感を振り撒いていた感があった。

郷土博物館に置いてあるこの地方最大の祭りの主人公である大きな竜も見せてもらって、みんなで、ボヘミアへの国境を超えたのである。東ボヘミアの道はまだ抑圧されていた旧ソ連体制の名残をとどめていた。バスが近づいて来るのを見ながら、工事を始めて通行止めにされると、一時間も立ち往生。何を言っても反応はないから、ただ我慢するだけだ。素朴なボヘミアの景色とこの無愛想の間の底なしの矛盾。このかたくなさを克服しないと、心の国境は越えられない。こんなことも、考えながら到着して、カールスバードの行事も無事に終えた。それからプラハへ行き、一部は鉄道で、一部は飛行機

写真 1-20：姉妹都市案内

でウィーンへ行った。

シューベルト・リングのレストランで落ち合ってお別れの晩餐会。それぞれの体験を薬味として、オーストリア料理を味わったことだろう。

向かいは市立公園。シューベルト、ヨハン・シュトラウス、フランツ・レハールなどの記念碑が立っている。ヨハネスガッセに向いた市立公園の入り口の横には、ウィーン風の地下鉄の駅があり、そこから見えるベートーヴェン広場に少し近づけば、ちょっと奥まった所に立派なベートーヴェンの像。カールスバードのベートーヴェンと違って、偉い人に見える。

「世界中にいるベートーヴェンさん、『音楽は人々の精神から炎を打ち出さねばならない』とおっしゃいますが、他のものでも人々の精神から炎を打ち出すことはできるでしょうか？」後に、ハンガリーに石庭を作る運命なぞ知る由もなく、ハンガリーに接するブルゲンランドのワイン、ブラウフレンキッシュで身も軽く、カール広場の方へ足を向ければ、ブラームスが座っている。彼が永眠したのは、カールスバードの湯治から帰った翌年（一八九七）の春。大車輪が動く三か月ほど前のことだ。彼のハンガリー舞曲はハンガリー以上にハンガリーだといえば、ハンガリーの人に「ハンガリーを知らない」といわれるだろうか。

ウィーンは優しい光を放ち、なんとなく、ラプソディ。リストを乗せた馬車が行くようなその晩は、夜の更けるままに、第二の石庭をフルトイムヴァルトに作る空気も濃くなって行った。策士というものは、なんてロマンティックなのだろう。

半年ほどすると、愛知から堀田さん、野田高由（中部グリーナリー）さん、そして野村さんがドイツへ下見に来てくれた。このとき、フルトイムヴァルトでは、市長が緑地整備と土木事業課の課長と現地で建設機械を持っている会社の人を呼んでくれていたので、話はにわかに現実的になり、具体的なところまで進んだ。

このような現場を知った顔ぶれが揃うと、第二の石庭を作る実感がわいてくる。一九九九年の一二月のこと、二〇世紀もいろいろな課題を残したまま、次の世紀を待っていた。

国境の町、フルトイムヴァルト

ゴジラに負けない怖い顔をした大きな竜、二〇一一年に完成した新しいハイテック・ドラゴンは、一五・五〇メートルの長さで、ギネスブックに載る世界最大のロボットだそうだ。フルトイムヴァルトなんて、あまり聞いたことのない名の町だと思うが、こんな竜の現れる「竜退治の祭り」で、特に南ドイツでは知られている。フルトイムヴァルトはチェコとの国境の町で人口九〇〇〇人（EU内の人の移動に関する）シェンゲン協定の結ばれた人口四〇〇〇人余りのシェンゲン（ドイツとフランスに触れるルンセンブルグの国境の町）のように重要なことが起きれば、小さくても、もっと有名になるだろう。

フルトイムヴァルトは、一一世紀から歴史に現れ、バイエルンからボヘミアの方へ向かう峠の町として人も行き交い、文化の交流も行われていたが、一七世紀の三〇年戦争では、スエーデン軍に破壊され、一八世紀のスペイン王位相続戦争でも破壊と略奪に遭った。

一九四五―四六年、つまりこの前の戦争後、チェコスロヴァキアを追われたドイツ系の人達が町の人口の十倍以上も到着した。想像を絶することだったらしい。だが、このような国境の町の宿命を克服して、特に隣のチェコとの交流に力を入れている。

「竜退治の祭り」の歴史は一六世紀までさかのぼるが、最初は聖霊降臨祭の行列に竜が加わっていたというようなものだったという。この辺りは貧しかったので、単純な竜退治に人を集めて入場料を稼いだりもしたらしい。善が悪をやっつけるというのは、いつの時代でも受ける。筋書きは時代によって変わったが、この前の戦争の後では、竜は世の中の災いを象徴して、正義の騎士に退治されることになっている。

日本の神話にも似たような話があるが、空想の生き物である竜は色々な怖い物の代理をしているようだ。ヤマタノオロチも出雲のあの辺りに住んでいた人々が大和に抵抗した戦いが時代と共に竜になってしまったという説もある。竜は違う物の代役をしていたりもするようだ。太古から受け継いだ恐竜への恐怖が、潜在的に人の心のどこかに残っているのかもしれない。

写真 2-1：国境の町
フルトイムヴァルト

写真 2-2：南ドイツの小さな町フルトイムヴァルトで行われている「竜退治の祭り」に登場する当時の竜

さて、ミュンヘンからカールスバードへ行くにはいくつかの道があるが、私がフルトイムヴァルトを中継地にしたのは、日本からお客さんにこの巨大な竜を見せたくもあったし、実はすでにマホ市長と協力してやっていることもあったのだ。

この町から車で三〇分の所にあるポベジョヴィツイにオーストリア・ハンガリーの帝国伯クーデンホーフ家の城が廃墟化して残されている。その城は東京の娘青山光子（ミツコ）が嫁して、七人の子供の母として暮らした場所でもある。

光子の次男が、一九二三年にウィーンで「パンヨーロッパ運動」を始めたリヒアルト・クーデンホーフ＝カレルギーである。その城の再建活動に参加しているマホ市長がどんな人か知っていた。私と同い年の彼は、幼少の頃、母と共にチェコを追われた人で、父親も戦死して、この町の追放者収容所で育った。誰かを恨んだりする事なく、前向きで、国境の町の町長として常にドイツとチェコの両国の交流に心掛けていた。私は、マホ町長が日本のゲストを歓迎してくれる確信があったし、陸の国境のない日本の人達に、このような土地の政治家がどんな課題を抱えているか見てほしかったのである。

また、その頃私はミツコの住んだ城の再建活動をもっと広げるために、協力者を探してもいた。カールスバードへ通う内に、国境の手前にある城の廃墟を見てしまったのだ。寂れた村の中に立つ荒れた無人の城、驚き、言葉もなく立ち尽くした。「黒髪の伯爵夫人」なんて、一面派手に語られているミツコが、ここで暮らした？　一〇〇年も前に、よくこんなところまで……

カールスバードの石庭が完成した頃、ユーゴの内戦が始まり、血が流れ、不条理なことが始まった。それまで隣人だった人々が、殺し合うというような惨い争いである。

花さんの生涯を石庭に籠めたように、次は、光子の城を蘇らせて、平和のシンボルにしたいとも思ったが、そんな力は私にはない。こんな話を聞いてくれる人はいるだろうか。

問題を抱えていた自分の生活も立て直さなければならない。学問の終わっていない娘たちもいる。そんな大それたことができるはずはない。その上、どのような形で城の再建活動を進めることができるか話そうと、マホ市長に初めて会いに行ったのは、なんと、一九九五年一月一七日、朝起きたら、神戸の大震災の映像が目に飛び込んできたのであった。こんな時に、ボヘミアの城の廃墟の話などするべきではなかったのである。

私はなんのためにミュンヘンから二〇〇キロも走ってきたのだろう！

その間、色々な気持ちが渦を巻いたが、まずは、通訳などで稼いだお金の一部を寄付して、自分の心に無為の言い訳にしたのだった。ボヘミアの「城」に住んでいたそのミツコ（通常青山光子と書かれている）ってどんな人だったのだろう。

クーデンホーフ・ミツコってどんな人？

「お昼はフルト（イム　ヴァルト）で食べました。まず、今まで見た事もない大きなビールのグラス（ジョッキのこと）が来ました。日本では水飲み用のグラスでビールを飲んでたのに、パパが駅のレストランでビールを頼むと、出てきたのは、風呂桶みたいな巨大な「グラス」にいっぱいのビールでした。なんという量！
　この巨大な「グラス」とはべつに小さなグラスが来るはずだと思って待っていると、パパが、私もこの巨大な「グラス」から、飲むんだよって、説明してくれました。とてもびっくりしましたよ。フルトイムヴァルトに行くたびにそのことを思い出します」（『クーデンホーフ・ミツコの手記』言語的に分かりにくい所に手を加えた訳）
これは、夫となったオーストリア・ハンガリーの外交官、帝国伯ハインリッヒ・クーデンホーフに従ってボヘミアへ向かうミツコの旅の思い出である。洋服は横浜でしか買えないし、東京にもビールのジョッキがない時代に神戸を出て（一八九六年）、カルチャーショックの鎖をボヘミアの城まで辿っていった。フルトイムヴァルトは、夫の実家に到着する前のドイツ（バイエルン王国）最後の駅、ここでオーストリア・ハンガリー二重帝国領（現在はチェコ）への国境を越したのだ。

何回かフルトイムヴァルトへ来ていたようである。夫の生前、毎年バイロイトへ行っていたようだから、道のよいフルトイムヴァルトの峠を越すのが一番便利だったはずだ。ワグナーもリストもすでに他界していたが、ミツコは、コジマ・ワグナーには会っている。コジマのことは書いているが、音楽には言及していない。ミツコの音楽は義太夫の三味線であった。彼女が弾くと子供たちは逃げたり、隠れたりしたそうだ。

ミツコは、明治六年（一八七四）に東京で生れた商人の娘だった。おそらく、初めは常にお金が足りなかった父親に「売られた花嫁」として、そして後に、夫を尊敬する妻として、ボヘミアのロンスペルグ（現ポベチョビッツェ）で七人の子の母となった。三二歳で、夫に急逝され、突然、城や農場の管理人となり、ボヘミアと、息子たちが学問をするウィーンで暮らした。だが、最愛の二男リヒアルトが一八歳で自分と同じくらいの離婚歴のある有名女優と恋に落ちて家を出てから生きがいを失い、長男が城を継ぐと、その嫁ともうまく行かずに、ウィーン郊外メードリングの一軒家に移住（多分一九二四年）、数年後に脳卒中で半身不随になり、二女の介護をうけながら、一九四一年、パール・ハーバー奇襲の数か月前に没した。

図らずも母を傷つけた二男リヒアルトは第一次世界大戦後の不安な時代に、今のＥＵに哲学的バックグランドを与えたパンヨーロッパ運動を始めていた。第一次大戦の講和条約によるヴェルサイユ体制は、欧州に平和をもたらすものではなく、敗戦国を厳しく罰することにより、あたかも次の戦争へのレールを敷いたようなものだったからである。「民族自決」というメルヒェンのために、ハプスブルグ帝国もばらばらになり、あちこちに新しく引かれた国境線には、まさに地雷が埋まっていると言ってもいい状況だった。民族自決といっても、欧州には、一国家に一民族という国民国家は稀で、新しくできた国には複数の民族が住んでいた。

この状況が、独裁者の登場を可能にした。そして案の定、パンヨーロッパ運動は抑圧され、リヒアルトはスイス、フランス、ポルトガルを経て合衆国へ亡命せざるを得なくなった。よく、彼は映画「カサブランカ」で出てくるラズローというチェコ人のモデルになったと言われるが、これは想像にすぎないようだ。人物の経歴も人柄も違うし、リヒアルトはモロッコに行っていない。

リヒアルトが母の訃報を受けたのは亡命先のニューヨークである。この息子のゆえに、ミツコは他の国際結婚の女性よりも語られてきた。初めて西洋の貴族と正式に結婚した日本女性としても、話題性があったかもしれない。シンデレラ的な受け取りかたもされてきただろう。

ミツコと夫との出逢いについては、講談のような逸話が流布されているが、注意して読むと、つじつまが合わない。当時日本にいた外国人の回想などには、お金の必要な親にとって「娘を外国人に貸す」ことは、ほとんどビジネスに近いものだったと、書いてある。無理に恋物語を作らなくても、出会いがどのようなものであろうと、二人がどのような人間関係を築いたかを大切にしたいものだ。

私も色々アプローチの試みをしたが、ミツコの「人間」はなかなか姿を現さない。もしかしたら、彼女の実体を通り越した深みまで進んでしまったのかもしれない。吉永小百合の演じるミツコはなんだかガラスの向こうにいる。安蘭玲さんは、このつかみにくい人によくあそこまで血を通わせたと感心する。吉行和子さんは、長い間演じた一人芝居で、彼女のミツコを創った。吉行さんに、ロンスペルグとフルトイムヴァルトでミツコを演じていただいたときは、まるで、本人が後ろに立っているような気さえした。本物の女優さんは、我々にはない不思議な力を持っているらしい。最前列でワーワー泣いていたのは私だけではない。ミツコの異文化を学ぶ努力と忍耐に脱帽。

それにしても、彼女の住んだ城は、なぜほとんど廃墟になってしまったのか？これもカルロヴィ・ヴァリイと同じ状況で、昔からこの村の住人二千人ほどは、数人のチェコ人をのぞいてドイツ人とドイツ語を話す少数のユダヤ人だった。ナチの時代のユダヤ人の運命は改めていうに及ばないが、第二次世界大戦でドイツが敗戦すると、この村からもドイツ語を話す住民ほとんど追放され、ミツコの長男とその娘、母の没後実家に戻っていた次女も城を追われた。城はチェコスロヴァキア軍に占領され、略奪に任された。

だが、ここで私は、チェコスロヴァキア軍だけを批判しているのではない。これが戦争の歴史なのだ。このような戦争の歴史を避けるために、リヒアルト・クーデンホーフ＝カレルギーは、国境のない欧州共同体を提唱したのだった。

私も、誰が城を壊したかを語るより、城を蘇らせて、平和の象徴にしたいと思った。だが、これがどんなに難しいことか、そのあと、身をもって体験してゆくことになる。

城の問題もそうだが、島からなる日本から来た私はここで改めて欧州の国境の問題に直面し、通常日本で考えている国際交流がどんなに表面的なものであったか、多層的問題に翻弄されながら、認識していったのだ。だが、異民族の平和共存は、いつも私の課題だったし、今も課題である。

写真 2-3: 廃墟の様相を呈するロンスペルグの城

ロンスペルグへ通じるドイツの国境の町フルトイムヴァルトにそんな考えを表す石庭を作れないだろうか。

……だが、これも一人で出来ることではなかった。

助けは、三河から

尾張と三河の違いもろくに知らなかった私が、こんなに愛知県の人達に助けられることになるだろうとは。「名古屋学」なんて本を読んでケラケラ笑っていた私が。

今は亡き三河造園社長の中原信雄さんがどんな人だったか、会ってみなければ分からないのだが、彼がなんで私の考えに賛同して、ここまで援助してくれたのか、これも始めからの経過を見ていないと、わかってもらえないだろう。

カールスバードの作庭の時に、三河から尾張に助け船を出してくれたのが中原さんだったのだそうだ。このとき私は日本側の資金のやりくりに関しては何も知らなかった。計算が苦手なので、自分で払わなければならないお金以外の事は、全面的に堀田さんを中心とする愛知県の業界にまかせて、ひたすら現地の調整と

写真 2-4: 中央が中原さん、その左とその後ろが成田夫妻

写真 2-5: ロンスペルグの残留ドイツ人マリア・シュタインバッハさんと著者

創作に集中していた。あとで、いくらかかったらしい、なんてきいて、「ホントぉ」という感じで、なんと運のいい人間だったのだろう。そして、尾張の人の紹介で、愛知の業界を代表して除幕式に来られたまれな人物、三河の中原さんに初めてお会いすることになったのである。

物事について、どんなに説明してもわかってもらえない人もいるし、一言だけで、すぐに答えの返ってくる人もいる。中原さんの場合は後者だった。「わかった」と彼がいうと、それは、「是」であって、「やろう」というと、これはもう約束なのである。そして、最後まで約束を守る。その気前の良さは、複数の状況で、体験してみなければ分からない。

だが、私はそれを利用しようとした事も利用したこともない。今でも、中原さんは「世の中のためにいいことをする」のを助けてくれたと確信している。話の本質を掴むのが早かった。彼が合意する瞬間というのは、感性的なもので、理屈ではなかったような気がする。このような成り行きが誤解されるのは、防ぐことができないだろうけれど、中原さんは、自分の利益にならないこと、見返りのないことをする数少ない人の一人だった。私たちはまったく異質の人間だったが、いわゆる「世の常識」のようなものの檻の外にいたところでは一致していたと思う。

竜安寺石庭の謎

竜退治の芝居で、皆が待っている正義の騎士は美男の若者で、馬を自在に乗りこなし、槍の名手である。アーサー王、ジーグフリード……西洋でこのタイプの男性は、義経みたいなアイドルで、退治される竜は醜い悪を象徴する。火を噴いて襲いかかるが、何本もの槍を受けてやっつけられるので、祭りの客はホッとする。

竜退治祭りを見物して以来、頭から離れなかったのは、東洋の竜はかならずしも悪者ではないということだった。スサノオの尊に退治される竜もあるけれど、手を叩いて呼ぶ日光東照宮の鳴き竜は神社を守っているようだ。火災に対する水の意味もあるという。お参りする前の禊の水が竜の口から出ていたりする。長崎のおくんち祭りのように担がれて踊る竜は雨乞いから来ているという。「坊や、よい子だ　ねんねしな……」という歌に合わせて空を飛ぶ竜には子供が乗っている。「日本昔話」のタイトルバックだ。

この竜は、「坊や、元気に育って、賢い人間になりなさい」と、言っているようだ。

野村さんに教えてもらった竜安寺の石庭の竜は、下の回遊式庭園の池（鏡容池）

の鯉が学問をして竜になったのが階段を上り庭に潜んでいるのだそうだ。その背や足が、水の中から出ている様子なのだそうだ。そして、その竜は更に学問をして賢くなり徳も積めば、空を飛ぶことができるのだという。この野村さんの話に、私はいたく感動し、改めて竜安寺石庭の作者のセンスに舌をまいた。これを作った人は、名もない「石立僧」だったかもしれないが、天才的なひらめきを持っていたのだ。

ちなみに、竜安寺の作者に関しては諸説あり、細川政元、相阿弥、金森宋和、夢窓国師、小堀遠州、小太郎・彦次郎（長石の一つの裏の刻印がそう読解できる？）などの名が挙がっている。世にも有名なこの庭に関しては、歴史的文献が失われてしまったそうだ。

応仁の乱のあとの荒廃の中から人の原点に戻って、大切なことだけをアウフヘーベン（止揚、保存）した形なのだろうか。反対側の縁側の端に水をたたえる手水鉢には、「吾　是　足るを知る」と彫ってある。欲から解放された人の心の平静を潤す微かな水の流れ。

竜安寺の庭に関しては、まず「これは、虎の子渡し」なのだときいた。黄金分割の話も聞いた。「竜安寺石庭の謎」（明石散人　講談社文庫）などを読んで、カシオペアだとか、五つの天皇の御陵とか、細川勝元が隠した宝の地図かもしれないとか、謎解きに苦しんでいたので、野村さんの竜の話はとても清々しかったのである。お陰で構図が見えてきた。あの竜安寺の竜をフルトイムヴァルトの恐ろしい竜と合わせて、夫々に異なった文化を背負う竜がお互いを見つめ合い、戦わずに二つの胴体で輪（和）を作る。フルトイムヴァルトの石庭の形が決まった。一頭の竜は、ボヘミアの森から出てきて、もう一頭は会議場の庭の北側の池の鯉が変身しながら上がってきた竜、その鯉は、私が夢の中で日本から連れ来たのだ。いつだかわからない時に。

「こんな感じがいいと思うんですけれど」、今回も私は稚拙なスケッチを野村さんに渡した。

二番目の庭となると、私も門前の小僧のような顔をするようになった。そしてこの小僧、自分が決定権を持つような話し方もしたのではないだろうか。野村さんはまた素晴らしい設計をしてくれたが、「桃山時代の庭にしたいと思ったんですが、これは江戸時代ですね」なぞと、私も生意気な口をきく。実際には、伝統を守りながらも、私たちは現代人なのだから、現代の石庭を作るべきなのだ。プロの野村さんと、無知な私の協同作業がなんのしこりもなくスムーズに進んだのは、野村さんの鷹揚な性格のお陰だろう。

野村さんは西洋の竜と東洋の竜を、寺の山門を挟む仁王像の「あ形」（動）と「う

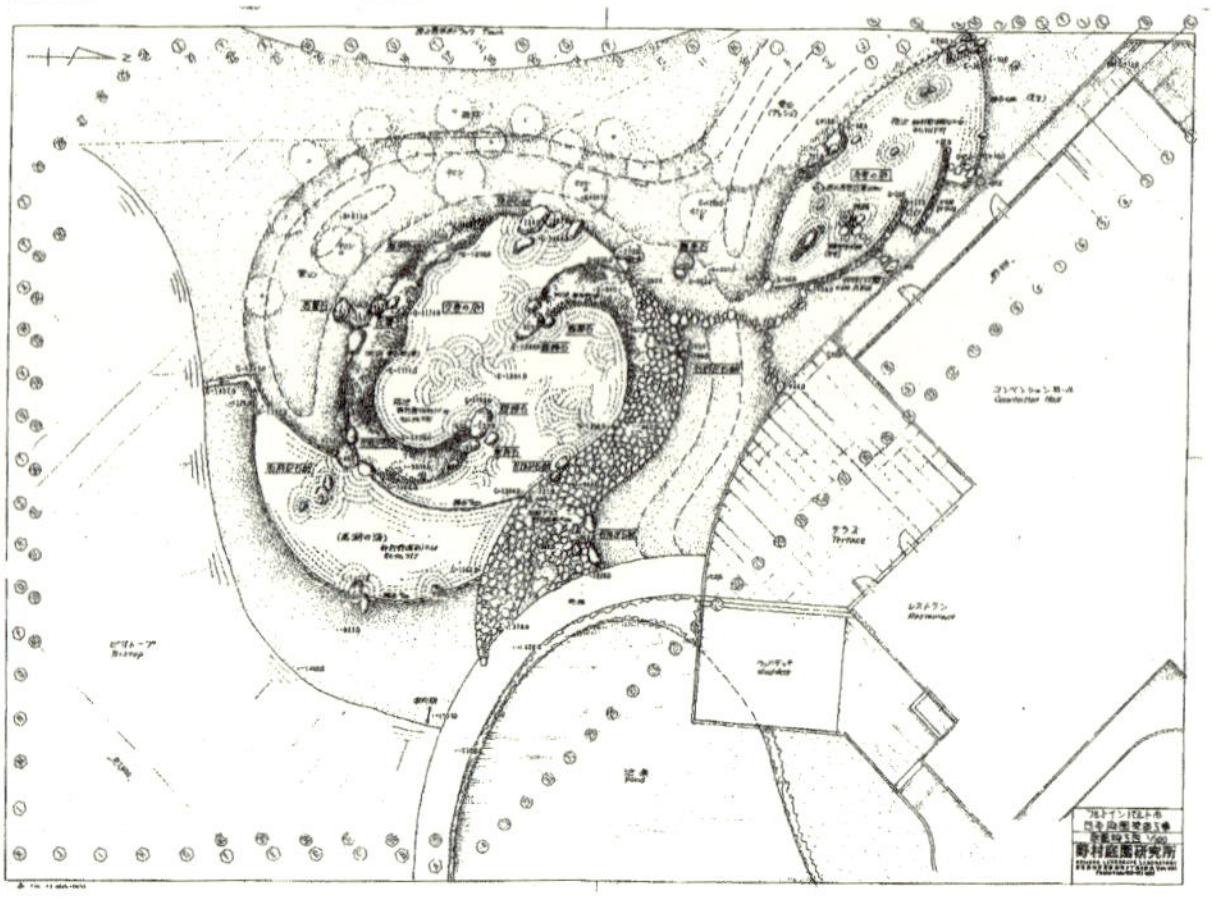

野村設計図：交竜の庭の設計図

ん形」（静）と同じコンセプトだと説明する。間もなくこの重森三玲のお弟子さんが連れてきたのは、京都の東福寺竜吟庵庭園（重森三玲作）の竜だということに気が付く。

恐竜がシャベルを持って来てくれた

チェコでの作庭は始終幸運に恵まれていた。しかし、石があるに違いないという「聖なる楽観主義」で、作業班を送ってくるような冒険は繰り返さない方がいいというような議論が愛知

写真 2-6：重森三玲の庭　光明院（京都）

写真 2-7：重森三玲の庭　東福寺龍吟庵（京都）

写真 2-8: 東福寺

県造園建設業協会であったに違いない。作業班到着の前の五月の始めに、野村さん、板倉さん、沖縄出身の天願達也さんが、石を見つけるために派遣されてきた。

ここでもまた、当然のことながら、石庭を見た人もない現地の人達と石を探しに行くのだから、簡単ではない。

緑地整備と土木工事課のシュテファンさんの案内で、宝探しに出かけた。所々で作業中の同僚にきいたり、場合によっては、作業を中断して先導してくれる人もいる。人が増えたり、減ったり、善意が遠足している感じになって、野村さんを不安にしたかもしれない。

現代人には、「おそらく自分で作った」制約がある。

この辺の石は御影石だということは分かったが、これはという形の石は、なかなかみつからなかった。それじゃ、森の中に入って見よう。農地、牧草地を横切って行く。実際フルトイムヴァルトの周囲は少し行けば森なのである。森の中で、石は木の後ろに隠れていたり、苔やその他の植物に覆われて緑のお化けのようだったり、土の中からほんのちょっとだけのぞいていたりしている。さすがに、野村さんは、経験を積んでいる。

「多分ここだなぁ」という雰囲気が漂うと、石があるのだった。森は石の宝庫だった。ここも何千年も前は木も生えてなくて、ただ石だけがごろごろしていたのだろう。

新石器時代の人間がまず石で道具を作ったのも分かる。それで斎場も石で作っちゃったのが、ストーンサークルなのかなぁ。人は生れて死に、植物は花を咲かせて散るが、石は変わらなかったので、人の力の及ばない何かを持っていると思われたかもしれない。

でも、巨大な石はどうやって運んだのだろう。巨人たちが運んできたというような伝説が伝えられるところがあるのも納得がいく。


ありがたいことに、我々はたくさんの道具や機械を持っている。

翌日、ショベルカーを頼んで、森の中で待機していると、すごい恐竜が現れた。メリメリ音を立てて、森の小道に侵入してくるショベルカーが木々の間を動いている様は、まさに、なんとかザウルスみたいだ。経験豊かな野村さんは、目当ての石が少しでも顔を出しているところに印をつけている。「サウルス」が木を倒さないかと心配ながら、シャベルが触って石が姿を現す瞬間は、感動である。同時に、クレーンについたシャベルの繊細な操縦に驚かされた。巨石を傷つけないように、子供を抱きかかえるようにシャベルに救い上げて採るのだ。

「坊やよい子だ　ねんねしな……」歌が聞こえ、日本昔話の優しい竜がヒゲを振る。実際、操縦席から降りたドライバーは、温和な人だった。

欲しい石を採るためには、木々に「ちょっと、どいてくれますか」とも頼めないから、周りの木をかなり傷つけてしまって、後で市長に森の持ち主の所へ謝りに行ってもらった。

「お宅の息子さんも市役所で働いておいでのことですし……」

さて、ものすごい量の石が集まったのだが、これが人目に触れると、町の人が仰天するから、森の入り口の所に隠して置こうということになる。何のためか知っている私でも、静寂からたたき起こされた石の山ににらみつけられると、またなんてことを始めてしまったのだろうと、不安になるくらいだから、知らない人はびっくりするだろう。


「あのぅ……この石、みんな使うんですよね」

野村さんが耐えなければならなかったのは、私の変な質問だけではない。日本の石庭なるものに始めて挑戦する現地の人達も、一生懸命ながら、すべてをすぐに飲み込めるというわけではないから、望んでいた測量図がこないとか、遅いとか、いくつかの候補地から、最終的に決めた場所でも、隣が学校の運動場で、バスケットボールのネットが下がっていたりする。少なくとも運動場との境には、築山を作ってもらったが、小さいことにこだわる人がいなくて、常に善意に囲まれて進められたのは幸せだったと言わねばならない。

この築山を作るのに、トラックは何回往復しただろう。

この年の春には狂牛病が流行して、畜産の多いこの地方もかなりの被害が出たのだったが、フルトイムヴァルトでは、市長を始めみんなが前向きに対応してくれた。

見知らぬ日本人を、始めから信用してくれた。

木々の合間に、鳥のさえずりに、丘のうねりに、「聖なる楽観」が漂っていた。

ペンション・ポストガルテン（駅馬車館の庭）の日本人

二〇〇一年五月一九日、作業班が到着した。野村さん、野田さん、同じ会社の宮崎崇さん、板倉さん、梅村さん、市川君は二回目、それに、天願君、増田剛野君（東海緑地）、川島大次君（岩間造園）、櫻井靖敏君（櫻井造景社）、石川治樹君（衣浦造園土木）、鈴木敏朗君（喜楽園）、中原さんの甥の中原章文君（シンユー造園）と、二三歳から五四歳までの一三人、独立して会社を始めた人や、愛知県内の大手造園会社が協力して派遣チームを作ってくれたのだ。私としては、だれとも一行の契約もなく、交わしているものはお互いの信頼だけだった

今度の宿は、現場から徒歩で一〇分くらいの小川沿いのビヤーガーデンのあるペンション、ポストガルテンだった。ここは満室だと言われていたが、市長が交渉して、予約客に他の宿に移ってもらい、貸切りの形になる。市長さん頑張ったなあ。気が置けない家だった。少なからず土の現場を思わせる靴で、そのまま「ただいまぁ」、が可能だった。

コーヒーとパン、ハム、チーズ、卵の朝食に、きゅうりをつけてもらう。

愛想のいいオーナーは、シェフでもあり、彼のお姉さんが助けている。まったく気の置けない南ドイツ風のペンションだった。川島君なんかが、お姉さんに「おかえりぃ」という日本語を教えたので、現場から戻ると、「おかえりぃ」が聞こえた。教えた人の嬉しそうな顔。

昼食は現場のレストラン「蓮の庭」の日替わり定食。夕食は自由だったので、小さな町だったが、夫々においしい所を見つけたらしい。バイエルン料理だけでなく、イタリア人経営の店、ヴェトナム人の中華屋さん、駅前ホテルの地下には石焼の店があった。ペンションの前の道の向かいは郵便局で、その前に公衆電話

があった。当時は、携帯なんてものもなく、時々道を渡って電話をかけに行く人がいた。市川君だ。チェコから帰った彼は結婚して、奥さんが出産をひかえていたのである。そんな時に来てくれたのだ。

仕事の段取りは板倉さんが几帳面に作ってくれている。機材も道具も石材のタイミングも緻密にできていた。作業班の来る前に敷地の芝をはいで盛ってくれた土は、大地の匂いがした。緑地と土木事業課の課長セップ・ハストライターさんが信頼できる人だったし、職員のシュテファンが陽気で、言葉がわからなくても、みんなと楽しくやれる。六回結婚したというお父さんがスイスの人なので、シュヴァイツァー（スイス人）とも呼ばれていた。

今度の庭は、カールスバード（330㎡）の少なくとも二倍の大きさだ。本庭だけでなく、脇の会議場のガラス越しに見える中庭（奥庭）もある。そのため作業員の数も多いし、日にちも数日長い。だが、一方では、野村さんとのコンビも二回目で、お互いのやり方を知らないわけではなかったし、板倉さん、梅村さん、市川君という二回目の人もいて、戸惑いのある初めての人に情報を与えて、なにかにつけて支えてくれたに違いない。

まずは、石組から……だが、この前と同じように石をどう吊るかが決まるのに少し時間がかかる。野村さんは三次元の絵を描くように石組をするのだが、絵筆ではなくてクレーンを使うのだから、大分勝手が違う。当然、現地の人はそのことを知らないわけで、石は固い布地の紐とか鎖でクレーンに吊ってセットすると考える。現場で見ているとわかるが、これでは、ずれたり、落ちたり（危ないし、石が破損する）して、らちが明かない。それで前もってワイヤーをサイズと共に頼んでおくのだが、丁度なかったりすると、いつも彼らが使っているチェーンや紐状のものを持ってくる。これはいくら口で言ってもわからないので、まずやってもらって、やっぱりだめでしょというウォーミングアップが必要だ。

「アタシたちの石組は、ワイヤーじゃなければだめなのよ」

心の中で言いながら、失敗を通して学んでもらう。

私の通訳が悪いから、すぐにワイヤーが来ないのだと思われていたに違いない。そう思うのも間違いではないこともある。言われていることが分からないのに訳さねばならないこともあるし、専門通訳でもない私は、熱気のある「何でも屋」で、仕事の構造からすると、「あんた、一体、だーれ？」。定義の難しい存在なのだった。

最初の石が立つころから次第に、どうも日本人が石を組む時は違うらしいという雰囲気が生まれて、現地の人も心の準備をするようになるのだ。これから、一つの石をああでもないこうでない、上だ下だ、右だ左だ、回せ、戻せ、もう一度、もっと土を掘れと、何時間もやって据えるのを繰り返していくのを、彼らは始めはあきれて、何も言わずに見ている。そのうち、「何やってんの、これ」が、「なるほど」そして、「そうだったんだ」に変わっていく。そして段々と、どことなく我々は尊敬されているような気持になるのである。

現場の事は、片言の英語やヂェスチャーの方が、私の訳より通じるようになる。言葉の違う人間同士が、気持ちの交換を始めた。子供が最初に手にする絵本には、言葉がないが、お話がある。そんな感じだ。私はそれを幸せな気持ちで見ていた。

石の学校

野村さんが数人の作業員とクレーンを使って石組をしている。その他の人達には、敷石を敷く仕事が分担される。こちらも決して平たい石を並べているのではなく、石の半分近くは地下に埋まる厚みのある石を合わせながら、躍動感のある並べ方にするので、センスと根気のいる仕事だ。また、使える石の選択作業が、石を見る目と忍耐しかないという厳しいもので、世の果てのような採石場などで何日もがまんしなければならないこともある。この荒く見える仕事に、どれだけの繊細な感覚が要求されるか、私も見るまではわからなかった。

増田君が石庭と彼の関係を書いている。

「汝が深淵を見入るとき、深淵も等しく汝を見る」（ニーチェ）のようだと。

こんな難しいことを言う人もいたし、梅村さんのような石のベテランもいた。慣れない人も、事務的な仕事に移った人もいるから、敷石にはそれぞれの個性と能力が著しく現れる。しかし、お互いに助け合って、これは、経験の浅い人にも見ている私にも「石の学校」であった。庭を作ろうとする若者に共通の点は、一つ一つのものを丁寧に作り上げていきたいということのようだ。彼らは他の職業の人より自然に近い所にいる。

言葉の問題もあり、日本側にとってもドイツ側にとっても半信半疑で物事が進んでいく。「何でも屋」が頑張っても、知らない専門用語など直訳以外にできなくて、首をかしげるようなことがあったであろう。初めて聞く言葉の多くは、道具の名前であった。例えば、ユンボ（シャベルカー）は、いつも私に子象のダンボを思い出させた。それから、縁側の手水鉢が蹲（つくばい）、石灯籠の上についている玉は宝珠（ほうじゅ）、火袋は灯籠の明かりをともすところ、これなんか初めて聞いときに、かぐや姫が「安部のミムラジ（ミウシ）」に注文した「火ネズミの皮衣」

を思い出しながら、何も言わずに、後で庭園の本をめくった。

現地の石工さんに作ってもらった蹲（つくばい）が到着し時に、運搬人が「丸い石が来ましたよ」と言ったので、その通り訳したら、私が中味の名前を知らないからだと思われてしまったけれど、段々と、作庭の言葉も訳せるくらいに勉強させてもらった。

ちなみに、ドイツの石工さんの作った蹲は、設計の通りの几帳面な出来だった。きれいすぎるきらいがあったが、こういうのは風雪が味を出してくれるだろう。


日本人の作業場というのは、たいへん静かなもので、見学者は、夫々が黙々と持ち場を守って集中して働いているのを見て感嘆する。それが噂になると、町の人が入れ替わりに見に来るようになるのだった。高校生の見学もあった。

石組に五日かかった。現実に組まれた石を見ると、スケッチより遥かにダイナミックでリズムがあり、「創世記」にいるような抑揚した気持ちになる。時々市長が見に来る。この庭を景観に入れているレストランのマスターがちらちら見ている。彼は、レストランの前のテラスにつながるこの庭に子供の遊び場があったので、それがなくなったら子連れの家族が困るから営業妨害だと、作庭に反対していたのだ。まったく。

「ああ、ゲーテ様、ベートーヴェン様、ドイツにもこんなにファンタジーのない人間がいます。それなのに、今は「石庭のあるレストラン」なんてパンフレットを作って、塩入れも四角い鉢に竜安寺タイプの石の配置をして、テーブルの上に置いてあるんです」

「あのばかな連中には、言いたいことを言わせておくしかしょうがない。彼らの無駄口が人を不滅にすることも、アポロの神が不滅の運命を与えた人々から、その不滅性を取り上げることも決してないのだよ」（ベートーヴェン　一八〇一年、ロマン・ローランの『ベートーヴェンの生涯』より）

地下足袋騒動記

国境の町で暮らしたことのない者には、新しい体験がある。

下見に来た時の天願君のまれな経験を話そう。彼は二日目に朝早く起きて、国境の方へ散歩に行った。日本では、普通パスポートなど持たずに歩くので、彼も不携帯だった。すると、何人かの国境警察官に呼び止められたそうだが、言葉はわからない、身分証明書はない、その上、彼は日本人としては南方系の、まあ、言ってみればエキゾチックな風貌をしていた。彼は国境破りと間違えられて捕まえられ、武器を持っているかもしれないので、まず地面に伏して所持品を検査された。だが、彼はまったく何も持っていなかったのである。それで、市役所に電話がかかり、市長の説明で釈放されたのだった。その日は、三〇人余りの中国の人が自然の国境を歩いて不法入国したということで、ヘリコプターが飛んでいた。

驚愕の跡を顔にとどめて天願君が帰ってきて、一部始終を聞いた私たちは笑ったが、本人はそれどころではなかった。彼は本当に驚いたのである。作業班の本隊が来たときには、全員に、パスポート携帯を指示した。

中原君が見えなくなって、みんなで大騒ぎしたこともあった。彼は知らない街を歩いていただけだったに違いない。しかし、国境を越すとチェコ側には、雨後の竹の子のようにカジノが建ち、いわゆる、つまり……いかがわしい「店」もあったりする。自由化直後の東欧は、早く西側のお金を手に入れるために、そういうビジネスが流行った（実は今も減っていない）。フルトイムヴァルトの近くの町の町長が身ぐるみはがされて、変死体として発見されたりもしている。中原君は若いし美男だから、誘拐されてどこかへ売られちゃったりしたらどうしようとか……

ボヘミアの森に紛れ込んで赤ずきんちゃんみたいに……いや、遠くの空を見ていて川に落ちたかもしれないとか心配して、手分けして探した。しばらくすると、彼は普通の顔で戻ってきた。一応、野田団長に一喝されたけれど、知らない町で道ひとつ間違えるととんでもない方向に行ってしまうから、磁石でも持ってなければ、自分の居場所は分からない。彼は、最年少の二三歳で初めての外国での作庭、しかも国境の町で……様々な経験をしたはずである。

私には懐かしい地下足袋、これは一種のセンセーションで、ドイツの国境の町では、山羊の足、悪魔の足、牧神の午後への前奏曲、えっ、なに、なに、その靴はなんだ……

作業班のいでたちに、皆がはっとした。珍しがった。当然国境警官も気になって職務質問。まさか地下足袋が目に付いたとは思わないから、何を言われているのか分からない我が同胞は、怖さを隠して、感じのいい平然さを装うということも、あったらしい。そのうち、私が市長に地下足袋を履いているのは石庭を作り来た日本人だから、怪しいものではないって、国境警察に伝えて下さいと頼むと、「地下足袋職務質問」はなくなった。不法入国、密輸、人身売買、麻薬の動きなどを取り締まらねばならない国境警察の警官は警官で、それなりの身の危険を感じながら服務しているので、彼等にも彼等の不安はあるのだ。ミュンヘンでは、普通の警官が内戦のバルカン地方から逃げてきた脱走兵に射殺されたことがある。私は、アフガニスタンから四〇日かけて歩いて逃げてきた人を知っている。

「そんな風に生き延びようとしている人が世の中にたくさんいることを知ってますか？」


仕事の後で楽しい気持になるのはいいけれど、日本人はおっとりしているから、不法入国者のいいカモになる。ねぎを背負っているくらいだ。「なるべくペンションで飲んでね、夜、出歩くときは何人か連れだって、できれば、シュテファンさんなんかと一緒に行動してね」

ドイツ語が全然できなくて、英語も「そこそこ」だという宮崎さんなどが、毎晩のようにシュテファンなどと盛り上がっていたのは、何語の盛り上がりだったのだろう。

一見、のどかな国境の町である。

だが、国境を越して最初の町のタバコ屋のおばあちゃんが、わずかなお金のために、隣の国から来た若者に殺されたとか、酩酊していた宿屋の主人が、身ぐるみはがされて、森の中に置いてきぼりにされたとか、いろいろあるのだ。

日本の息子たちが全員無事に仕事を終えて帰国できますようにと毎晩祈る気持

ち。でも深夜に、「ちょっと、静かにしてよ。眠れないじゃないの」と、向かいの部屋へ文句を言いに行くこともあった。男というものは、なんで飲んで騒ぐのが好きなのだろう。

何人か眠ってしまって静かな時もあった。作庭の現場である国際会議場へ、レーゲンスブルグ交響楽団の演奏会に招かれた時である。モーツアルトのホルン協奏曲とベートーヴェンの交響曲第七。ホルンの方は子守唄だったかもしれないが、第七では、目が覚めたかもしれない。

「村木さん、パンヨーロッパ思想って、なんですか」

市川君が真面目に質問した。
「パンヨーロッパはね、簡単に言えば、国境のないヨーロッパ。つまり、各国が自分の利益だけ考えたらけんかになる、そんなことで、欧州は戦争を繰り返してきたでしょ。そういうことやめよう。話し合って、できることから共通のルールを作ろうという考え方。税関のこととか、通貨とか、環境の問題、環境は大きい問題よね、ライン川やドナウ川はいくつの国を流れていると思う？　それから人の出入国、労働許可、福祉、防衛までいろいろあるじゃないの」

「そうかぁ、わかってきたような気がします」

この人は礼儀正しく、フェヤー、愛知の造園業界もこういう人がいるから心配ないと、私は始めから思っていたし、今も信じている。それだけではない、彼は

写真 2-9：工事中のスタッフ

歩いているだけで、チェコやドイツの女性も振り返る日本風の美男子なのだ。他の人達ももちろんそれぞれに素敵な若者だった。彼らを見ていると、大概真面目で、爽やかで、長い間距離をおいていた日本が懐かしくなるほどだった。日本へ行けば、こんないい連中ばかりではないんだろうな。やっぱり、みんな、選ばれて来た人達なのだ。野村さんの見識もあるし、各会社が外に出しても恥ずかしくない社員を派遣してもくれたのだろう。
「そうだ、国境を越してみんなに、パン・

ヨーロッパの話をしてあげよう」

フルトイムヴァルトの町から国境を越して、車で三〇分行くと、チェコ語でポベジョヴィツイと呼ばれる村があって、これが昔のロンスペルグ。クーデンホーフ・ミツコが嫁した城のある集落である。昔は町だったのだろう、荒廃しているが、城下町の風格を偲ばせる建物も残っている。ミツコが来た一八九六年の様子は想像するしかない。当時住んでいた人はわずかな例外を除いて追放されたので、昔のことを知る人も、その例外の人だけである。

私はすでにこの城の修復活動に参加していたので、作業班の若者を一日に二〜三人づつ車に乗せて国境を超え、チェコのその村へ連れて行くことにした。すでにビザの必要もなく、国境でもパスポートをちらっとみせればいいくらいで、違う言葉を話す隣の国へ入国できる。ピルゼン行きの道をビショッフタイニッツ（現ホロショフスキー・ティン）の前の四つ角を左に曲がり、心持ちすすけた農地をリンゴの木が縁取りをする道がくねっている。

光子が馬車で行った道である。どんな家に住むようになるのかしら、と胸を躍らせて、あるいは、不安を募らせて。

車に乗せている若者たちはあまりしゃべらない。どんなところへ連れて行かれるのかなあと思っているのかもしれない。

「なんだか、農地が広い感じがしますねえ」と増田君。

「まず、ドイツ人を追放して、社会主義時代にいろいろな野菜の畑を壊し、みんなコルホーズに変えたので、麦やジャガイモなどの基本的な作物が単一的に作られているから、そう見えるんでしょう」

この大変真面目な若者は、「アカハタ」なんかを読む機会もあったらしい。

「これから、連れて行くおばあちゃんは町はずれの水車小屋の孫娘だったんだけれど、水車小屋も土地もみんなとりあげられて、コルホーズで働かされた。元々ドイツ人だったから、ドイツが敗戦して、赤軍が来て、まあ、苦労したみたいよ」

「それは、いけないですねえ」

増田君は困った時にこんないい方をする。

「あたしも一九六〇年代の後半に、横浜からナホトカ、ハバロフスクからモスクワへ行って、すべてがみんなのものでみんなで分け合う共産主義の国が、何でこんなに暗くて、兵隊がたくさんいるんだろうと、疑問を持ったわ」

学生の頃は、世の矛盾を解決する思想を探していたものだ。けれど、何かの組織に入って縛られるのが怖くて、学生運動に積極的に参加したことはない。学生運動をしている人の言葉遣いについて行けなかった。教条的なものに抵抗を感じ

て、むしろ、

「マッチ擦る　つかの間海に霧深し　身捨つるほどの祖国はありや」（寺山修司）の方が、ぴったりしていたのだ。

精神的に行き詰まって、この人生は生きるに値しないとまで思い、シベリアで凍死できるかもしれないなんて漠然とした気持ちで日本を出てたときの、あの日本の最後の影が消えた時の悲しさ、もう帰ることはないだろう、何で帰りたいの、今出てきたばかりなのに……

帰る家なんかないじゃないの……

ここまでは、増田君には話さなかったかもしれない。

ロンスペルグ（ポベジョヴィツイ）では、修復工事の進まない城を見せた。

この活動では、旧東欧の地方政治家というものを知らなかった私は、フランツ・カフカの小説「城」とか「審判」の中にいるような名状しがたい体験をした。今はほとんど廃墟に近い状態だが、城は一四世紀から何回も持ち主を変え、その都度増築されたようで、かなり大きな建造物になっている。一五世紀半ばにラムシペルグ家が現れて、一五〇二年に城下町はロンスペルグと命名された。その後も何回も城主は変わり、歴史の荒波に耐えた城は、一八六四年（元治元年、日本では蛤御門の変、長州征伐）に帝国伯フランツ・クーデンホーフに買われた。ミツコの舅だ。頑固な人だったという。この父親との葛藤が息子を遠い日本まで追いやったのかもしれないと、私は思っている。一八六四年から一九四五年まで、ミツコの長男の代まで八〇年余り、城にはクーデンホーフ家が住んでいたのである。

しかし、ドイツの敗戦とともに城主（ミツコの長男）は追われて、城はチェコスロヴァキアに没収された。戦後のドサクサで、中欧政府も片田舎の城なんかどうでもよかったのだろう。城は略奪に遭い、荒れるに任された。最初に政府が派遣した「管理人」は、場内の品物のリストを作って、二束三文で売りとばしたという。しかし、調度品の一部は残されて、チェコの文化財保護課が管理している。

光子の七人の子供たちもばらばらになってしまった。最後の城主だった長男ハンス（光太郎）は終戦直前に町長と一緒に白旗を振って出て行ったが、チェコスロヴァキア軍に捕えられ、チェコの強制収容所にいれられた。社会主義の国を作ろうという時に、伯爵なんかは人民の敵だから、虐待されたようだ。忠実な従僕バービックの曾孫がエジプト学者だったので、エジプト大使館から旅券を発行してもらって出国したという。ハンスは、ドイツのレーゲンスブルグで没した。

パン・ヨーロッパ運動を始めた有名な息子リヒアルトは、ワグナーにちなんで、リヒアルトという名をもらったのだそうだ。ミツコの夫は歌が上手で、一八九四年に上野の奏楽堂でオーストリア大使館が上演した日本最初のオペラ「ファウスト」（グノー）に出演しているくらいである。リヒアルトは、前の大戦中亡命していたアメリカから欧州に戻り、スイスでパン・ヨーロッパ運動を続けたが、オーストリアで逝き、スイスに埋葬されている。

自学自習で日本語をマスターした三男ゲロルフは、ウィーンの墓地に母と一緒に眠っている。長女はフランスで亡くなり、やはりウィーンに埋葬されている。

次女オルガはロンスペルグを追われて、ドイツで没したが、バイエルンのアルテンシュタットの墓はなくなってしまった。供養料を払う人がいなかったのだ。

三女イーダは、ドイツのエンジニアと結婚して、フライブルグで永眠し同市の墓地に、末っ子のカールはオーストリアで亡くなり、やはり、ウィーンのヒーツイングの墓地に埋葬された。ロンスペルグの墓地には、早く亡くなったミツコの夫ハインリッヒが一人で眠っている。庭は、一九世紀にイギリス風に造園されたそうだが、現在、運動場なども作られ、当時の面影はない。

現在ロンスペルグでいつも待っていてくれるのは、残留ドイツ人のマリア・シュタインバッハさんである。とてもいい笑顔をしているが、彼女の母親でやはりマリアさんというオバアちゃまの笑顔は更に優しかった。彼女が水車小屋の乙女だった頃、ここはどんな様子をしていたのだろう。彼女たちのようなドイツ語を話すチェコ人にとって、すべてを取り上げられてコルホーズで働かされていた社会主義時代、国境は目に見えない鉄格子みたいなものだったのではないだろうか。

第一次世界大戦に敗戦したオーストリア・ハンガリーは、それまで、ただ圧政を敷いていたわけではない。この国があったことで残された文化のあったことも認めなければならない。ハプスブルグ家による長い歴史がオーストリアを多民族国家にしていた。民族の重なるところには、文化は八重の花を咲かせた。オーストリアは、よく云われるように、結婚政策によってのみ国土を広げたのではなく、少なからず戦争もしてきた。広げた国土の縫い目が裂けることもある。アンリ・デュナン（一八二八―一九一〇）が赤十字を創立するきっかけを作ったのは、壮絶なイタリア独立戦争ソルフェリーノの戦い（一八五九年　イタリアとオーストリアの戦いにフランスが介入）であった。

欧州を二分していたほどのハプスブルグ大帝国も歴史の流れの中でその形を変え、各地に押し寄せたフランス革命（一八七九）の余波は、ポスト・ナポレオンのメッテルニッヒ体制をしても防ぎきれず、周辺で目覚めた「民族運動」には抗えなかった。帝国は、欧州各地に思い出と文化の遺産を残して崩壊していったのである。

バルカンの民族運動から始まった第一次世界大戦が最後の一撃を与え、オース

写真 2-10: 交竜の庭完成記念・みなさん、ごくろうさまです。

トリア・ハンガリーだったボヘミア（チェコ）は、モラヴィアとスロヴァキアと一緒に、チェコスロヴァキアという国を作った。これもさらに分裂するのだが、ともかく、トリアノン（ヴェルサイユのパークの中にある小さな城）条約で、チェコスロヴァキアが誕生した時に、チェコは、「（四つの公用語のある）東のスイスになる」といっていた。

だが、実際にはそうはならずに、もっぱらチェコ化に専念したので、国内の民族間に葛藤をもたらし、それが次の戦争に向かう状況を作って行った。

ともかく、パン・ヨーロッパ（国境のない欧州）の実現には時間が要った。リヒアルト・クーデンホーフの運動も、他の同じような考えの人々の活動も、第二次大戦により中断されて、欧州では複数の民族浄化政策が行われた。このテーマはまたの機会にゆずって、今はそんな歴史にもまれてもなお人の世の善を信じている二人の老婦人のお茶に呼ばれよう。

二人の老マリア（シュタインバッハ）さんは、中世のようなキッチンで毎日ボヘミア風のケーキを焼いて待っていてくれた。何回お構いなくと言っても、またコーヒーのいい香り、だが、コーヒーカップは時代物、といってもアンティークという意味ではなく、名状しがたく使い古して、何十年も前にどこかに捨ててあったようなスタイルだった。

そうかもしれない。ドイツ系の人が身の回りの物だけをもって追われた時には、おきざりにされていた台所がたくさんあったはずである。私が一九八九年の秋に行ったときには、荒れた農家のキッチンに、ホコリをかぶった鍋などが転がっていて、追われた時の様子が迫ってきた。国に没収されたシュタインバッハさんの水車小屋も、森の中で荒れ果てて悲しいばかり、今にも崩れ落ちそうな小屋が物置になっていた。没収されただけで使われず、使わしてももらえず、ただ時がついばむままにされていた。

彼女たちの現在の生活は、西側ヨーロッパでは考えられないくらい貧しいが、居間は暖かく居心地良く、みんなに開かれていた。我がチームにも鈴木敏朗君という笑顔のいい若者がいて、彼はマリアさんの家で楽しそうに犬と遊んだ。小さくて地味な犬だったが、人なつっこくて、いつも嬉しそうに迎えてくれる。持ち主と同じだ。鈴木君は少し前にお父さんを亡くして、お母さんの会社を助けていた。あの日の鈴木君とワンちゃんの様子は、見ていた者にしか分からないが、今でもはっきりと目に浮かんでくる。

「またきまーす」

日の暮れないうちにお暇して、またドイツへの国境に向かって走る。犬と別れた鈴木君はだまっていた。陽はフランケン地方の方へ沈んでいった。

一三本の松

石組が終わり、敷石の人達ががんばっている。白洲を敷くところにモルタルをはる。

専門の庭師が要るような植物は極力使わないのだが、隣の学校の運動場が見えなくなるような木を何本か植えよう。野村さんと私はシュテファンさんにつれられて隣町の園芸会社へ行き、チームの人数分だけ、つまり一三本の松を買ってきた。

「野村さん　私は？」

「楓が三本ありますから」

三本ということは、きっと市長秘書のラング女史と、国際会議場の管理をしながら、私たちの仕事の一番近くにいたカーリンさん、そして多分私のことだろう。

ウーン、ラング女史にはお世話になったが、時々市長のような口をきくのだ。まあ、カーリンさんが間にいるからいいか。彼女とは仲良く「善行」を続けている。

六月に入って石庭完成の目途が付くと、気持ちも楽になり、隣町カムの州庭園展見学に連れて行ってもらった。屋根にコウノトリが巣を作っていたりする家がカムという川に沿って立つような古い町である。ここでは、ベルンハルト・ヴィッキーの名作「橋」（一九五九）の撮影があったので、ロケに使われた橋に映画の場面が彫り込まれている。この映画は、敗戦直前に何の意味もない橋を守れという命令を真に受けたドイツの高校生が、米軍の進駐の前に無意味な抵抗をして、ほとんど死んでしまうという話だった。日本で学生の時にこの映画を見た私は目を泣きはらして映画館を出たのだったが、庭を作りに来た日本の若者と川沿いに歩いて、偶然その「橋」に通りかかり、説明しながら、また泣いてしまった。

この映画を見ていない彼らは、びっくりしたに違いない。

「貴方たちのような若者を戦争に行かせてはいけないのよ。知りもしない人間同士が殺しあうなんて、考えられる?!」

最初の週末、「ビール・バッカス」は若者を連れてレーゲンスブルグに行き、そこからドナウ川を船でヴェルテンベルグの修道院まで、もちろん修道院醸造のビールを飲みに行っている。全員無事に帰還!!　実際私は野村さんの少し赤くなった顔は決して人を不幸にするものではないと思っている。ビールの場面では、テノール、真剣な時はバリトン。

モルタルが渇いて、白洲を敷く。広い庭なので、つつじなどでちょっとしたアクセントをつけた。途中でイルミネーションの配線のことでもめたりもした。どこの自治体でも、自分の担当が世界で一番大切だと思っている役人がいる。本庭の脇の会議場の前には奥庭も出来上がり、蹲《つくばい》と石灯籠を置いた。二一日かかったことになる。

野村さんがまた木で砂紋描きを作り、シュテファンが砂紋を引く練習。夕方、ミュンヘンから私の次女が現れた。この人は、ミュンヘン大医学部小児科で無給のインターン、旧態依然とした徒弟制度にこき使われていた。

「忙しいんでしょう。どうしたの」

「ママががんばっているところを見に来たのよ」

彼女は完成した石庭に感動して、小さい車でまた二時間、ミュンヘンへ走って行った。

最後の晩は、この町で何かの集まりがあり、大きな建物にビール祭りの会場の様なものができていた。私はなんだか名状しがたい疲労感に襲われ、宿へ帰ったが、チームのメンバーはみんな招かれてお祝いになり、それなりに酩酊したらしい。

翌朝、みんな酢漬けニシンのような顔をして、物も言わずに朝食をしていた。到着以来最も静かな朝だった。酔いつぶれちゃたらしいマホ市長の代わりに、秘書のラングさんが送りに来てくれた。彼女はまったく有能な秘書である。

ミュンヘンでは、ニュンフェンブルグ城などを案内して、バイエルンの歴史の話をしたが、昨夜のビールが効いていて、おそらく私は独り言を続けていたようだ。

翌日、二日酔い作庭エリート部隊は無事に帰国。大きな岩や石と取り組む仕事だから、全員無事というのは本当にありがたいことだ。二一日間の羊飼いは一人で空港を出た。

中原さんが、緑地管理と土木事業家のセップさんとシュテファンさんを日本に招いて下さったので、日本の景色や、名園とその周囲の調和を見せて、日本人の自然に対する気持ちなど感じてもらった。中原さんの本拠地豊橋では、パリ郊外ジヴェルニーにあるモネの庭からハスの球根を分けてもらったという池のある公園も見せてもらった。このような庭は高知県の北川村その他にあるらしい。日本人は印象派が好きなんだなあ。あのモネの家にかかる浮世絵に潜む共通の感覚。

一方、二人のドイツ人は、美しい自然に対して日本人の少し無頓着な部分や破壊の危険も見たようである。批判的な目をもたないドイツ人というのもいないわ

写真 2-11：交竜の庭、俯瞰

けではないが、そういうドイツ人のためには、「ホップも麦芽もなくした」人、つまり食えない（飲めない）人、どうしょうもない人、という言葉もある。この言葉、あまり使いたくない。

二つの石庭が完成した。

話は前後するが、「交竜の庭」の除幕式は、八月の竜退治祭りの初日で、とても和やかに行われた。愛知県から、中原さん、堀田夫妻、野村さんなどが参加された。

中原さんとお別れするときに、

「ドイツでは、すべての良い

写真 2-12：交竜の庭、西の竜

ことは三つ、と言われてます」というようなことを、深い意味はなく言ったのを、野村さんも聞いていたのか、あるいは、ビール・バッカスになっていたのか、彼は、半分眠りながら、時々片目を開けて、状況をつかんでいるようながら、実際は、聞いているのか、見ているのか、どちらでもないか、わからない。はっと、目を開けて、すべて把握しているような顔をすることもある。そして、大体はその通りだ。

この日以前にも、私は、スイスの山の中の町にあるリヒアルト・クーデンホーフ＝カレルギーの墓を話題にはしていた。また策士と呼ばれるかもしれないが、もしそうだとしたら、策士というのは、「聖なる楽観」を持つ人間のことではないだろうか。

《設計の野村さんと作業班のメンバー》

野田高由、宮崎崇（中部グリーナリー）、板倉賢一（賢庭造園道場）、市川雅之（市川造園）、梅村久夫（石捨）、天願達也（天願造園）、増田剛野（東海緑化）、川島大次（岩間造園）、櫻井靖敏（櫻井造景舎）、石川治樹（衣浦造園土木）、鈴木敏朗（喜楽園）、中原章文（シンユー造園）

◎後援

愛知県造園建設業協会、日本造園建設業協会愛知県支部、名古屋建設業協会造園部会三河緑地建設協同組合、愛知県緑地工事工業協同組合フルトイムヴァルト市土木事業課

《第3章》 リヒアルト・クーデンホーフ＝カレルギーの墓を石庭に（スイス　二〇〇三）

（リヒアルト・クーデンホーフ＝カレルギー記念日本庭園
グシュタード）

ライン川の流れ出るところ

フルトイムヴァルトからミュンヘンに戻るときは、ドナウ河を渡る。ドナウ川はさらにレーゲンスブルグ、パッサウを過ぎてオーストリアへ流れてゆく。さらにハンガリー、クロアチア、セルビアを経て、カルパチア山脈をブルガリア、ルーマニア、ウクライナに触れて、いくつもの支流を集めて黒海へ注いでいる。

ドナウの流れる国々が大体ハプスブルグ帝国の勢力内だったから、オーストリアを中心とする国はドナウ王国とも呼ばれていた。ドナウの南は、日本の古墳時代くらいまで、ローマの植民地であった。ほとんどドナウ河沿いに万里の長城のような壁（リーメス）が、その領地を北方のゲルマン諸族から守っていた。そのリーメスの南、今のバイエルンはラエティアと呼ばれていた。現在リーメスはすべて崩れ、そんなものがあったことすら忘れられている。

だが、バイエルン人は、ローマ人とゲルマン人、そしてゲルマン人と区別の難しいケルト文化の人たち、おそらく、西進したスラヴ人からなる複合民族で、先祖はバユバーレン（古バイエルン人）と呼ばれていた。西へ行ってドナウ川の水源地のあたりには、アレマン族という小柄で勤勉なゲルマン人が多い。そして、もう一つの大きな河、ライン河にぶつかる。河をさかのぼればスイスのバーゼル。バーゼルから少し東に戻れば、ダイナミックなラインの滝、そして滝の南にはハプスブルグという村があり、ハプスブルグ家の古城が一部修復されて建っている。その名は、ハービヒト（大鷹）ブルグ（城）から来たとも、下を流れる河を航行する船を見張るハーフェン（港）のブルグ（城）から来たとも言われている。

もともとアルザスから、黒い森を通ってここへやってきた伯爵家が、一二世紀からハプスブルグ家と名乗るようになったのだそうだ。名もなきスイスの伯爵ルドルフ・フォン・ハプスブルグが一三世紀に神聖ローマ帝国（現在のドイツの母体）に選ばれ、チロルの方まで勢力を伸ばしていたボヘミアのオトカー二世を破って、東の辺境地域（のちのオーストリア）に勢力をのばした。

だが、一四世紀にハプスブルグ家に対抗した（今のチューリッヒ）周辺のウーリ、シュヴィーツ、ウンターヴァルデンの三つの「州」の農民が団結して、ハプスブルグ家をオーストリアの方に追いやり、新しい国の形を作った。シラーの「ウイルヘルム・テル」を読んだことのある人は、「ああ、あの話だ」と、思うだろう。息子の頭にのせられたリンゴに矢を命中させて、(ハプスブルグ配下の)悪代官をやっけた「建国の英雄」だ。

スイスは、一七世紀前半に神聖ローマ帝国からも独立した。日本の四国位の大きさでありながら、四つの公用語をもち、今日に至るまで、したたかに、「中立」を守ってきた。実際スイスがどんな国かは、あまり知られていない。全部知ることもできないだろう。敵も味方も、億万長者も脱税者も、スイスの金融業の世話になっている。

スイスはナチの時代にも、お金のあるユダヤ人とないユダヤ人を区別した。地獄の沙汰も金次第、貧しければ、この中立国への国境は越せなかったのだ。それを十分知っている知的階級と、そんな話はしないでほしいスイス人がいる。後者は、『アルプスの少女ハイジ』のイメージを変えないでほしいのだ。

標高一〇五〇メートルの別荘地グシュタード

そのスイスのインターラーケンとジュネーヴ（レマン）湖畔のモントルーの間の山の中、標高一〇五〇メートルに、グシュタードという粋な町がある。モントルーの方から電車で登ってくると、いつの間にか言葉がフランス語からドイツ語に代わり、人間もドイツ風になっているのが不思議だ。人口七〇〇〇人足らずながら、町の名には華やかな響きがある。

エリザベス・テイラー、グレース・ケリー、クルト・ユルゲンス、バイオリニストのメニューインなどが、住んだり訪れたりという高級別荘地だからだ。だが、私がこの町のそのような面を知ったのは後のことで、ここを訪れたのは、ミツコ・クーデンホーフの二男のリヒアルトがここに住み、埋葬されているからであった。

その頃、私は、ミツコについて調べていた。

実は、なんだか華やかな彼女をなかなか好きになれなかった。だが、フルトイムヴァルトから遠くないあの城の廃墟に立ってから、彼女を簡単に振り払うことはできなくなっていたのだ。単純な善意で始めた廃墟の修復活動は、マルクス主義の社会の習慣（こんな実践の仕方では、マルクスは墓の下で寝返りを打つだろうが）も知らずに、現地の政治家のやり方が全く理解できないで、袋小路に入っていた。いくら寄付を集めても、修復工事が進まないので、日本の協力者との間に不協和音が聞こえてくる。物事はうまく行かないと、同志の団結が揺らぐ。「友情」と思っ

写真 3-1：のどかで美しいグシュタードの風景

写真 3-2：草に埋もれたリヒアルトの墓

写真 3-3：ミツコ（左端）と子供たち

写真 3-4：左からトーマス・マン、イーダ・ローラ、リヒアルト

ていたものが、そんな試練に耐えられず幻想と化す。

私も精神的に極限まで追いつめられるほど、チェコの現地との仕事は難しかった。能力の限界に達する。この辺で、寄付活動はやめよう。不協和音の音量が増すだけだ。しかし、このまま放り出すことができるか。やはり、異なった人間たちが共に平和に暮らせるようにという強い気持ちがあって始めたこと、やり方が違うからと言ってやめてしまうようで、なんで、中近東の終わらない葛藤のことを語ったりできるだろう。

しかし、お金以外にどんな協力の形があるだろうか。実際、スイスの山の中のいとも美しい風景の中にあって、私は荒れた廃墟と、同じように荒廃した人の心の問題に苦しんでいたのだ。

リヒアルト・クーデンホーフ＝カレルギー

私がグシュタードでリヒアルトの墓を探していた時、ＥＵは東に拡大しようとしていた。

新しい加盟国の候補は、ポーランド、チェコ、スロヴァキア、スロヴェニア、そしてハンガリーだった。だが、一九二三年にパンヨーロッパ運動を始めたが、第二次大戦で夢をくじかれ、アメリカに亡命し、戦後スイスに戻って欧州統一運動を続け、ＥＵの哲学的バックグラウンドを作って逝った人の墓は、夏草に埋もれていた。一面の草に覆われていたので、丘の傾斜にあるその墓の下の道を何回も行き来したが、見つからず、斜面によじ登って、草を分けているうちに墓石が見つかったのである。

「水を飲んで、井戸を掘ってくれた人のことを思わないのは、恩知らずというものである（ドイツの古い諺）」

私は、この墓をこのままにしておくことはできないと思った。

リヒアルト・クーデンホーフ＝カレルギーは、一八九四年に東京の牛込に生まれた。母は青山ミツ、父はオーストリア・ハンガリー代理公使、ハインリッヒ・クーデンホーフである。国際結婚の許可が正式に下りるのに時間がかかったので、この子はまず青山栄次郎として母の戸籍に入れられた。四歳の時に、父の帰国によりボヘミア（当時、オーストリア・ハンガリー）のロンスペルグ（現在チェコのポビェチョビッツェ）へ行き、ロンスペルグの城で育った。一九〇六年、父ハインリッヒの突然の死により、家庭教師に任されていた教育が中止され、チロルの寄宿舎付き学校に入学した。母親は息子をさらにウィーンのエリート校テレジアヌムに転校させる。

父親の生前の教育は公平なものであった。例えば、日露戦争の時、日本の勝利を喜ぶ半面、負けたロシアの戦死者を敬うことも忘れてはいけないと諭したのだった。父は平和を尊び、ユダヤ教徒とキリスト教とイスラム教は、一人の母から生まれた三人の息子だと考えていた。そのテーマで論文を書き始めた時に、突然逝ったのである。リヒアルトが、国境のない欧州を考えたのは、そのような父の影響と、第一次大戦後の危ない政治状況からだったろう。

大戦後の一九二二年、彼はウィーンで、パンヨーロッパ運動を起こした。この運動は、やはりこの危険な状況から発生したナチズムにより、一時中止のやむなきに至り、彼は、スイス、フランス、ポルトガル、そしてアメリカへ逃避することを余儀なくされたのだった。恐れていた戦争が、もっと恐ろしい形で現実のものとなったのである。

第二次世界大戦が終わり、一九四九年五月にストラスブルグで、第一回欧州評議会が開かれた。欧州統一の動きは、一九五一年の欧州石炭鋼鉄共同体（フランス、西ドイツ、イタリア、ベルギー、ルクセンブルグ、オランダ）、一九五七年の欧州原子力共同体の結成、一九六八年の関税同盟、そして一九八六年、一二か国加盟のヨーロッパ・ユニオン（EU）へと発展していく。政治家でなかった彼は、欧州議員の資格はなかったが、名誉評議員として欧州評議会に招かれた。クーデンホーフ＝カレルギーがその波乱の人生の幕を閉じたのは一九七二年、彼が提案（一九五五）していたベートーヴェンの交響曲第九、第四楽章の「歓喜の歌」が、「欧州の歌」に選ばれた年である。何回聞いても飽きることのなく感動を覚える曲だ。

こんな神々しい合唱を作曲した人が、月夜のカールスバードで、私たちの石庭に立っているかも知れないと思うと、胸がドキドキする。

ちなみに、リヒアルトと母親ミツコとの関係は、彼が学生時代、一八歳で母親と同じような歳の離婚歴のある有名女優と恋に落ちて家を出てから、元に戻ることはなかった。だが、この問題に深入りするのは、またの機会にしよう。ミツコには、七人の子があった。みんな優秀で、個性も違い、それぞれの道を歩んでいる。

スイスの山の中で、野村さん、道元となる

リヒアルトの墓を覆う草をむしるだけでなく、彼が眠るこの場所を、もっと、この人の存在の根源を感じさせる美しいものにしなければならないと私は思った。一見、異なった景観に見えるスイスの山の中でも、石庭は必ず本来の美をそこねることなく周囲の風景に溶け込んで、不思議な調和を作るに違いない。

この石庭の実現も、まったく、幸運としか言いようがないのだ。

フルトイムヴァルトに完成した第二の庭「交竜の庭」の除幕式や、中原さんが招いてくれたフルトイムヴァルトの緑地課の人との日本庭園研修旅行などを通し

て、第三の庭、おそらく最後になるはずの石庭の話が発酵していった。後の有志活動のときのように、おそるおそる言いにくい寄付のお願いを切り出すということもなく、特別な工夫を凝らしたり、策士を演じる必要もなく（実際策士だったことはない）、標高一〇〇〇メートルの山岳都市の歴史的墓地に作る第三の石庭は、現実のことになったのである。

「あんたに考えがあるなら、助ける」

と、中原さんが、言ってくれた。今ふり返えると、なんと有難いことだったのか。しかし、当時の気持を正直に言うと、信じられないようなものと、当然の様な傲慢さが混ざっていたようなのだ。この傲慢な気持ちは、中原さんに助けて頂かねば何もできなかったにも関わらず、自分も全存在をかけて、経済的にも可能な限りの犠牲を払っていたからかもしれない。

自分の無力を知りながらも、鼻持ちならない傲慢さとまれな謙虚さが混ざった名状しがたい精神状態に陥る。そんなとき、私は子供の頃から時々訪れる不思議な使命感を意識するのだ。「世の中は、明日、よくならなければならない」というのだ。

この使命感の源泉は、どこにあるのだろう。

二〇〇三年の四月末、白内障の手術の一週間後、野村さんジュネーヴに到着。目に悪いから無理するなと言われながら、彼を連れてグシュタードへ登って行った。野村さんも体型からして、他人ごとではない。お互いに「体に気をつけましょう」とけん制し合いながら、本物の石立僧と石立て小僧の厳しい石探しである。雪を被ったりしている険しい山を見上げれば、こんな所でどこに石を見つかるんだと、怖くもなる。

リヒアルトの墓地を管理している「パンヨーロッパ・スイス」から、作庭の許可を得て、グシュタードで設計事務所を経営しているヤギィさん（日本語では山羊だと笑っている）を訪ねた。なかなか立派な事務所だった。

作庭となったらどんな協力をしてくれるのか、石はあるのだろうか。

それまでは、それぞれの自治体の土木事業課とか公園と緑地課がパートナーだったが、今回は、設計事務所なので、後で請求書が来るのではないかという不安がなかったわけではないが、パンヨーロッパ・スイスの連絡で、グシュタードの町会議員も話を通しておいてくれたので、これはビジネスではないということ、善意の方の寄付で旅費、滞在費は出るが、私たちはみんなボランテイアで働くので、グシュタードの方々にも無料奉仕でお願いしますと、念を押した。高級別荘地で設計事務所をしているヤギィさんは、町では顔のようで、仕事ぶりはてきぱきとしていた。機材や砂利、セメントその他の段取りは問題がない。

だが、石……

どんな庭にしたいか、私がイメージを出して、野村さんが設計してくれた。それに、この石立小僧が、「ここのところを、こんな風に変えた方が……」とか言って、最終案が出来上がり、パンヨーロッパ・スイスの同意ももらう。この設計に使える石がほしかった。ヤギィさんが今度の仕事に担当として付けてくれたグリーゼンさんの車で、山間の広くない道を行く。この辺りを知らない人は、大体「アルプスの少女、ハイジ」の風景を思い出してもらえばいい。こういう所でしつこく石庭の景石を探している偏執狂みたいな二人の日本人がいる。どこへ行っても、ピンとくる石がない。辺りは薄暗くなった。寒々としてきた。ここには、景石に使えるような石はないのかもしれない。

「野村さんさっきの石置き場へもう一度行って見ません？」

そこには、石はたくさんあったのだが、形はともかく、問題は、この辺りの石にはみんな白い線が入っていて、落ち着きがないことだった。模様のない石がほしかったのである。

後で板倉さんに教えてもらったが、石の見た目を石理と言い、層理とか片理などいろいろあるが、グシュタードの石みたいのを陽線の脈理の入った石と言うそうである。

知らずに、突然、陽線の脈理の入った石といわれたら、通訳できなかっただろう。

野村さんは、私が知らないから、普通の言葉で話してくれているのだろう。

採石場の出口の所に、何のためか、石を集めてコンテナーに積んである一角があった。

「ここで、どうにかなりませんでしょうか？」

めったに、不満とか怒り表さない野村さんだけれど、このとき私の声はかなり小さく控えめだったと思う。だめですね、なんて言われたらどうしよう。

やっとここまで来たのに。

野村さんは何も言わずに、石の上に乗って眺めた。そのまま腕組みをして、じっと立っている。石の選択だけは、私は口を出せない。敷石なんかの場合は、私が「これいいいんじゃありませんか」なんていうと、(きっと) しょうがないと思いながらも、不思議な笑顔で「それも入れましょ」とか言ってくれるけれど。景石を探しているときの野村さんは、これが、石立僧だと、僧衣を着せて、拝みたくなるくらいだ。

もうほとんど日は暮れて、ハイジの風景も灰色になった。

私はおとなしく、祈るような気持で側の石に腰かけて待った。

他の所から石を持ってくるようかなあ。土地の石がいいと言ってたけれど。

カールスバードやフルトイムヴァルトのように森の中で眠っている石がたくさんある土地ではない。石があるかも確かめずに設計図を作る我々の聖なる楽観。私は座禅を組む道元の後ろで、悟りの瞬間を待つ小僧だった。高地の黄昏の冷たい風が木々の枝をチリチリ揺らす。鳥もねぐらへ帰った。
私はなぜスイスの山の中で石と闘ってるのだろう。
夕暮れの沈黙
更に暗くなった沈黙
日暮れの沈黙

「やりましょう」

野村さんの一言。

「聖なる楽観」バンザイ。


二人の頑固な日本人のお伴で途方に暮れていたグリーザーさんが、ホッとしてホテルへ車を向けた。彼は当然、生れてこの方、石庭なんてものに直面したことはなかったのだ。石探しと作庭のために見つけたホテルは、スポーツホテル・ヴィクトリア。冬はスキー客などでにぎわう宿。物価の高いグシュタードで最もリーズナブルな価格。料理もよくて、他より安い。町のレストランで昼食した時に、ただのスパゲティ・ボロネーズが、(今のレイトで)二三〇〇円ほどしたので、二人で目をむいて、今後気を付けようと「誓い合った」くらいだ。入った時から、ウェイターがかしこまった感じで嫌な予感がした。こんな高級な店で、石立僧と石立小僧は、なんと失われた存在感を慕ったことだろう。作業班が来た時に、みんなで現場の裏の山の中腹にあるクルト・ユルゲンスの家を見せてもらったが、こういう人達が住んでいた所なんだと実感した。

石は、今置いてある場所にそのまま保管しておいていただくことにした。

忙しい野村さんは、翌日帰国。彼は愛知万博(愛・地球博)の日本庭園を担当していたのだ。そんなえらい庭園作家に、私は、なんという口をきいているのだ。石立小僧は、せめて師匠の影を踏まずに歩く。

ジュネーヴからミュンヘンへ帰るプロペラ機は、美しい雲の間を低く飛ぶ。それから、スイス・アルプスの雄姿、日本から来る作業班もこの景色を見ながら、ジュネーヴに着陸するだろうなあ。

鶴は翼でこの墓を抱く

リヒアルト・クーデンホーフ＝カレルギーの墓のあるグシュタードはスイス連邦のベルン州、ザーネン市にある。墓は、町から少し外れた丘の斜面（グルーベンと呼ばれている一角）にあるが、ただ通り過ぎるだけでは気が付かない。そこは、彼が住んでいたスイス風の豪邸の広い庭の片隅なのである。傾斜のために、墓から家が見えないほど庭は大きい。これだけの家を買うことができたのは、彼の妻イーダ・ローラン（一八八一―一九五一）が有名な女優さんで、大変な金持ちだったからであろう。彼自身は城や土地を相続したわけでもなく、とてもこんな生活をする余裕はなかった。この家を残して逝った妻の立派な墓は、本人の墓の正面から見て右隣りの山小屋の床におさめてある。リヒアルトの墓はその外の敷地の真ん中にあって、左には二度目の妻アレクサンドラの小さな墓（一九六八没）がある。

彼は二人のまったく違うタイプの女性の間に眠っているのだ。三番目の妻は有名なオペレッタの作曲家ラルフ・ベナツキーの未亡人だったが、リヒアルトの没後、姿が見えなくなったという。彼の実際の終焉の地はオーストリアのフォーラルベルグ州のシュルンスである。

一九七二年七月二七日、ミュンヘンでオリンピックが始まる少し前に逝った。

この墓をどんな石庭にしたかったか。墓を見た瞬間に、形が浮かんできた。母親のミツコが宮中参内したときに、皇后から贈られた扇をメインテーマにしよう。二つの扇を鶴の翼のように重ねて左右に広げた形、扇は末広がりにリヒアルトの思想の広まることを暗示する。その扇に鶴の翼がオーバーラップして、息子を抱くような形、しかし、息子を閉じ込めないように、翼の間を少し開けよう。彼の思想が世界に光を与え、そして飛んでゆく鶴の道標にもなるように、墓の片隅の少し高い所に石灯籠を置く。リヒアルトの墓の左隣の第二の妻の墓は、亀の頭になる。それ以外にも、何匹かの亀が極楽浄土を象徴する。

最初の妻イーダの墓はヒュッテの中だから、この墓地に人が上がってきたときに亀と鶴の横を通ってヒュッテの方につながる道ができているように石を敷くのがいい。その敷石は、リヒアルトと妻の歩んだ道を表す。

野村さんは、女性的なイメージを男性的な絵で描く。三回目ともなると、かなりお互いの考えていることが分かってきたようだ。率直にものが言えるようにもなっている。

私との仕事に関して野村さんが「ヨーロッパ三庭園」という記念刊行物に書いている。

「……何と言っても彼女は今に比べれば無知と言ってもよい程日本庭園のことを知らなかったのですから、お陰で彼女のアイディアはとても庭になりそうもない構想のものでしたが、下手な予備知識がある人よりは、面白い庭ができそうな予感が感じられました。

ドイツとチェコ、ドイツと日本、西と東、つまるところ稀有壮大に世界平和を表現するものとして丸い庭を造りたいとの構想は、かねてよりイメージしていた私の丸い庭と重なり、時差で早起きしたかの地のホテルのベッドの上で、それ程苦もなくマスタープランをまとめることができ……」

という始まり方であったが、グシュタードに関しては、

「……今回のプランも村木さんの素案によるもので、やはり丸い形にしたいということでした。実は今回ばかりはこれに大分抵抗させていただきました。癖になっている我が手も最初は楕円を描きませんでした。理由は彼女がモチーフとしてデザインに組み込んでほしいというミツコの扇にありました……ミツコの扇がどんなものだったか、正月に名古屋の高島屋で開催されたミツコ展で手がかりを探そうと思ったがついにわからずじまいでした。しからば、扇は日本

人のイメージする扇面散らしの屏風をモチーフとして、彼女の主張する楕円のデザインを一旦避けました。彼女のプランの扇はどう見ても鳥の翼にしか見えないからです。しかし敵もさるもの、かの地グシュタードのあるザーネン市の市章が鶴をモチーフしたデザインで、両方を兼ねていいというのです。これには、降参するしかありません……」

と、発展していったのである。

私も野村さんには、まったく、いろいろ教えていただいた。

なんと運のいい出会いだったのだろう。

作業班ジュネーヴ到着

二〇〇三年六月二八日、作業班をジュネーヴで迎える。これまでは、一人ですべてをやらなければならなかったが、グシュタードの時は再婚していたので、休暇を取った夫が小型バスで山道の運転をしてくれて、皆が怖い目に遭うことはなかった。

工事中は私が運転したが、なぜか、みんなが怖いと言うのだ。

翌二九日は現場見学と、図面を見ながら打ち合わせ、午後は自由にしてみんなに体調を整えてもらう。三回目となると、日程を考えるにも少し余裕が出てきたのだ。その日の夜は、現地で世話をしてくれるグリーゼンさんを交えて打ち合わせをした。全体の段取りはまた板倉さんがしてくれる。ありがたい。

お金のことは、今回は市川君が責任を任されてきたので、私は、頂いた自分の食費以外のお金は見る必要がないという恵まれた状況に置かれていた。

作庭は、三〇日から始まった。現場班と、近くのサンクト・シュテファン村で敷石を選ぶ班に分かれた。現地の見習いの若者も数人、それから、兵役拒否者の人が一人助っ人に来てくれた。国民皆兵のスイスでも兵役拒否して公益事業を助けることができるのだ。ドイツでもそのような制度（良心的兵役拒否）があり、最後には、二人に一人は兵役を拒否して、社会福祉の各分野で働いていたが、二〇一一年に徴兵制は廃止された。

スイスの見習いの若者の中には、この墓の世話している会社の見習い社員シルバンがいた。

「貴方は後で庭の手入れをするのだから、そのつもりでちゃんと見ていてね」

現場は、傾斜になっているのでただの平地より面倒だと思った、というより、未経験の私は、こんなところにどうやってシャベルカーを入れるのよ、と思ったが、そういうことを言うと、また村木さんは知らないんだ、と思われるから、黙っていた。

草をとって土をならすと、驚くような大きな石も出てくる。またお墓の横に大きなトネリコの木が植わっていて、かなり根っこを張っていた。図らずもそれを傷つけることもある。

「ごめんね、痛い目に遭わせて」

また、お墓の周りを造成するのに、墓石が丸出しになる。どうか棺に傷つけることがありませんように。墓石の周りを造成してフッキ草を植えれば、見違えるようになるはずだ。

「リヒアルトさん、もうすぐきれいになって、貴方には再び今迄の静寂が戻って来ますから、しばらく辛抱して下さい」

と心の中で手を合わせた。


この日、サンクト・シュテファンで、敷石や砕石を集めていた人は、石の山の前で受刑者みたいな闘いをしていたに違いない。本当に気の毒な仕事である。グシュタードの場合は、これが、一日で済んだので助かった。今回は、野村、板倉両氏とすっかり大人になった団長市川君、石のことなら梅村さん、ここまでがレギュラー、独特な櫻井君と真面目な中原章文君は二回目だ。初参加の丹羽英之さんは、豊橋の「庭正」の三代目だが、自分でも「セントグリーン」と言う造園会社を持っている。荘川桜と呼ばれている美しい桜の本を見せてくれたが、お祖父さんが樹齢四五〇年で高さが二〇メートルの老桜の移植に成功した伝説の庭師と

野村さんのイメージスケッチ

写真 3-5：野村さんと作業スタッフの打ち合わせ

いわれている。いつか、その荘川桜を見たいと思っている。

グシュタードの石庭は、今迄で一番小さな庭だったから作業班も小ぶりだ。だが、地形的に面倒な現場だったから、愛知エリート部隊でなければ、あんな短時間で完成させることはできなかっただろう。チーム編成は、野村さんの人格と中原さんの力だった。

写真 3-6：巨岩の搬入と工事開始

写真 3-7：庭園完成

（ハイジの家に行くような）狭い道に景石を積んだトラックが着いた時は、石探しの黄昏時の野村道元師を思い出す。くどいようだが、今回も石があった!!

一日目の仕事はものすごく順調に進み、敷石はほとんど据えた。

夕食の後は、ヤギィさん、市会議員のミュラーさん、担当のグリーザーさんと全員の顔合わせがあって、大まかな打ち合わせ。スイスの人との仕事はビジネスライクだ。よく言えばセンチメンタルなところがない。ところが、私はセンチな人間だ。

雨で明ける日ごとの朝

翌七月一日は雨。それでも八時に作業開始。皆の靴が泥でミッキーマウスの靴のようになる。デザインのポイントに杭が打たれているから、全体像が浮き彫りにされる。砂利敷きや板石張の作業、でも、なんだかドロドロだ。子供の頃は泥んこになることが楽しかったけれど。扇（あるいは鶴の翼）の部分を細長い敷石で作るため、板倉さんがハンマーで石割を見せてくれた。三日目も雨で始まったが、工事は順調に進む。いつまでも明るいので、一〇時間くらい働いてしまう。

七月二日も雨。私の靴はやがてバラバラになるだろう。こんな条件でも、みんな泣き言ひとつ言わずによく働いているのに感動する。墓地はスイスの山小屋風の別荘を囲む大きな庭の片隅にあるのだが、雨が上がると、別荘の現在の持ち主が工事を見に来た。スイス一の金持で、アメリカン・カップで優勝した人たちだという。海のない国の人がヨット競技で優勝したので話題になった。スイス一の金持って、どんな金持ちなんだろう。私には想像もつかない。だが、泥んこになって働いている人達を労うわけでも、「御茶をどうぞ」でもない。何してるのと聞かれて、説明したが、一言、

「おもしろいわね」と言っただけで、そのまま別荘に帰って行った。

彼等は少なくともこのとっても大きな庭と別荘を所有している。


夕食はカップラーメン。ホテルのキッチンでお湯を沸かしてもらう。感覚がわからなくて、「だめだ、だめだ」と野村さんの声が大きくなる。お湯がぬるかったのだ。でも、私は懐かしくてがつがつ食べた。みんなほっとした様子。

翌日も雨。作業開始八時。スイスの若者もよく働いてくれていた。彼らは主に、平石を敷いていた。墓地の入り口からヒュッテに向かう道だ。

扇または鶴の翼の部分の細身の敷石をはめ込む仕事はなかなか難しい。野村さんの声がバリトンになる。野村さんは、動きの出る石の据え方、つまり光によって翼が微妙に動くような感じになるように据えさせていたのだ。印象派の絵のようになるだろう。モネの蓮池を思い出す。野村さんの教え子櫻井君がしごかれていた。育てているんたなと思った。

当然私も見ながら学んでいる。石立小僧のキャスティングに感謝。

砂利を敷く部分のモルタルを打つ。だが、到着するはずの石灯籠がまだだ。

「着かなかったら、現地の人に据えてもらうようですね」と野村さん。

スイスは、海のない国だから、日本から送った石灯篭は、ハンブルグの港へ着き、通関して陸路スイスへ向かうのだから、なかなか時間がかかるのだ。

私は、心の中で、「多分、間に合うだろう」と。

リヒアルトの墓石は土の中にきれいに収まっている。完成の見通しが出てきた。

この晩は、ヤギィさんのアレンジしたスイス・フォンデュの夕べ。みんなで、素晴らしいスイスの景色を見ながら山間の湖のほとりの「ハウス・アム・アルネンゼー」というレストランへ行った。一日泥にまみれた後のチーズフォンデュ。

板倉さんの着物姿がチームに色を付けて、スイスの若者を喜ばせた。彼等もよく働いた。

スイスは、昔貧しかった。精密機械や金融が発達する前は、農業国で農家の二三男坊は遠くに働きに出たり傭兵になったりした。戦が始まったら、敵も味方もスイスから来た若者だったという話もあるくらいだ。

スイスの農民兵が強いという評判は、ウイルヘルム・テルの時代に欧州中に広まったのだそうだ。封建諸侯が喜んでスイスの傭兵を雇った。有名な戦いでどれだけスイスの傭兵ががんばったかという話はいくらでもある。だが、一八七四年スイスは傭兵の輸出を禁止した。

今この歴史は法王庁の傭兵だけに残されている。現在ではほとんど儀仗兵の役割を果たしているだけだと思うが、赤と黄色と青のユニフォームを着た一一〇名のスイス人が法王を守っている。彼らは一七四センチ以上の一七歳から三〇歳までの独身男性で、基本的な軍人教育を受け、品行方正で品のいい人が選ばれるという。イタリアという国とバチカンを区別するために、スイス人衛兵はドイツ語のみを話すことになっている。

七月四日も雨で始まった。

砂や砂利や国土が到着。雨の中で整地。毎日泥でミッキーマウスの靴になったスポーツシューズもだいぶくたびれてきた。すべて、びしょびしょのぼろぼろだ。

だが、作業班はプロのいでたちで、根気よく敷石の目地込めをする。

この日、作業班は初めてヒュッテを開けてもらって、リヒアルトの最初の妻イーダ・ローランの墓を見た。真ん中に大きな水平の墓碑、教会の床にはめ込んである昔の司教の墓を思い出す。壁には、リヒアルトのパンヨーロッパ運動の旗、イーダの写真や顔の彫刻などの飾りがある。二番目の妻の簡単な墓と比べると、比較にならないほど立派で、やっぱり大変な恋愛で一緒になった人だったんだなあと思わせられた。イスラエルと言う国がまだない時代のユダヤ人だった彼女は、世界思想的にも、また経済的にも若い夫を支えた人だったに違いない。午後雨が止んだので、リヒアルトの墓を取り巻くグランドカバーとして、野村さんに言われたフッキ草を注文に行く。間もなく納入された草は、スイス班によってすぐに植えられて、緑の中に墓石が浮き上がる。この瞬間、私は本当にホッとした。

「リヒアルトさん騒々しい工事をよく我慢してくれましたね」

庭が完成に近づいていることを感じて、不思議と疲れが薄れ、このまま働き続けられるような気になる。スイスの若者も、そんな私達の気持ちを感じているようだ。

この午後の三時過ぎに、やっぱり石灯籠が届いた。

「送るときに、堀田さんが、村木さんは悪運が強いから大丈夫だろうって、言っていたからね」と、野村さんがいう。村木さんの「聖なる楽観」と言ってください。石灯籠も据えて、仕上げの整地と清掃。誰が剪定したのか、墓を遠巻きに囲んで植わっていた木々がすっきりしている。板倉さんでしょうね、この仕事は。

気が付くと、初めて参加の丹羽さんもすっかりチームの一員になって、細かいところまできれいにしてくれている。気が付けば、みんなの顔がとってもいい。仕事の完成とはこういうものなのだ。

野村さんは野村さんらしいお腹にカメラを提げて、得々と、黙って、時々角度を変えている。いい石庭が出来たなあ！

「リヒアルト・クーデンホーフ＝カレルギー記念　石庭パンヨーロッパ」

グリーザーさんとシャベルカーなどを運転してくれた兵役拒否のスイス人が見に来た。週末に運転で助けるために、夫のディートリッヒがミュンヘンから着いた。雨もすっかり止んで、まるで明日が明るい日になるような様相を呈していた。

この庭のある丘から見下ろす景色はまったく平和で美しい。

たまに丘の後ろを行く単線の電車の音がする。

耳を澄ませば、現場の右わきに流れる沢のせせらぎが聞こえる。

この沢で、道具の土を落としたりもしたのだ。

なんとまあ、何でもそろっていたのだろう。

後ろに山、右に川、左に道、前に池はないが、川の続きが谷間を流れてザーネン市を横切る川につながっている。野村さんに教えてもらった四神相応（後ろに山（玄武）、前に池（朱雀）東に川（青竜）、西に道（白虎））にこじつけてみたり。

ユングフラウヨッホへ

狭い斜面の現場、毎日雨、墓地という敬虔な場所で、この石庭を一週間足らずで完成させせた。信じがたい業績である。みんな無償で働いてくれた。野村さん、板倉さん、梅村さん、丹羽さん、市川君、櫻井君、中原章文君そして中原信雄さんに限りない感謝を！

七月五日、現場から遠くないマッターホルン登山は、中原さんの贈り物だった。借りていた小型バスをディートリッヒが運転して、まず湖に挟まれたインターラーケンへ行きしばらくの自由時間、そしてユングフラウ鉄道の出るラウターブルネンへ。そこで私は一行をディートリッヒに任せて、下で待つことにした。この日は、一行到着以来最もいい天気。頑張ったんだからご褒美だ。登山電車でクライネシャイデックへ行って、アイガーやメンヒをユングフラウヨッホ（標高三四七一）の前で皆の喜ぶ顔を想像しながら、下で待たせてもらった。

私には、同時進行の（ミッコの城修復のための）寄付者の旅最終回の準備もあった。城の修復は、理由不明の遅延のために、現地の政治家を信用しなくなっていた私は、もう寄付を集めても責任が負えないから、この旅が中止になってくれるように祈っていた。しかし、話し合いの余裕もないままに、人数を少なくして実行という知らせが来ていたので、石庭作りに並行して段取りの変更を交渉し新しい見積もりを頼んでいたのだ。旅行業者でない私はおっ取り刀だ。城修復活動は実際、摩訶不思議なプロセスの迷路に入り込んでいた。

「やめた方がいいのかもしれない」と繰り返し思ったが、よい終わり方を見つけるのは始めるよりもっと難しいものだ。

グシュタード最後の晩は、二番目の石庭を造ったフルトイムヴァルト市から訪ねてくれたセップや緑地の世話をしているシュテファンが参加して、最後の夕食会をした。彼らは七〇〇キロ八時間かけてきてくれたのだ。嬉しい再会であった。

七月六日、グシュタードにお別れの日、朝食後みんなで現場へ行った。

野村さんが手製の砂紋描きで砂紋をつけてみせた。

庭を管理をしている会社の社長も来て、今後の管理に関して話し合った。セップやシュテファンも一緒に記念撮影、ちょっぴり悲しい別れ。ホテルに戻り、親切だったホテル・ヴィクトリアのオーナーにもグシュタードにもお別れ、ディートリッヒが運転して曲がりくねった山道をモントルーへ降り、イギリスの詩人バイロンの詩「シオンの囚人」で知られるシオン城を見学して、ジュネーヴ（レマン）湖の南岸を走り、フランスへちょっと入国、水で有名なエヴィアンで昼食、ジュネーヴのホテルへ到着した。翌七月七日、皆とお別れ。朝食の時、愛知のノーベル賞受賞者が後ろに座っていたと市川君が喜んでいた。愛知エリート部隊はフランクフルト経由で帰国の旅に飛び発って行った。晴天。

除幕式の豪華なお客さん

同じ年の一〇月四日の除幕式は、まさにこの庭に眠る人に相応しい欧州的出席者の顔ぶれだった。主催はパンヨーロッパ・スイス理事マルコ・ポンズさんとアンドレ・プランさん。設計の野村さんとスポンサーの中原さんと私はモントルーとシュピーツを結ぶＭＯＢのゴールデンパノラミック電車で登っていった。私の娘二人とディートリッヒはミュンヘンから車で四五〇キロ、多少迷ってぎりぎりでグシュタードに到着。あまり広くない「石庭霊園」に五〇人くらいのゲストが集まっていた。

初対面の日本の中村大使、オーストリア大使、ブルガリア大使、クロアチア大使、ベラルーシュ大使、国際パンヨーロッパ協会書記長、ヴァルブルガ・ダグラス＝ハプスブルグ伯爵夫人、ザーネン市市長、フルトイムヴァルト市長、ロンスペルグ／ポベジョヴィツイ町長、クーデンホーフ＝カレルギー財団、その他、パンヨーロッパ・スイスの会員やザーネン市関係者、それから着物姿の美しい節子・バルチュス夫人など、日ごとの雨に泥んこになった工事の場面に比べて、なんと晴れがましい日であっただろう。

こんな席で、庭の説明をする時は、かなり緊張する。このようなこと苦手ながら、がんばるのだが、こういうことが好きだと思われていたりする。石立僧見習いがなんでそんなことが好きなものか。しかし、ほとんど忘れられていたリヒアルト・クーデンホーフ＝カレルギーの墓に足を止めてくれる人がいるようになってよかった。スイスは上手に中立を守ってきたが、欧州はそういうわけにはいかなかった。それでも、戦争なしで暮らしていける欧州を語った人がここに眠っているのだから。
ポンズさんが持ってきたヨーロッパの歌、第九の第四楽章が響く。トネリコの樹の後ろに立っていたベートーヴェンが、一緒に町まで降りてきてくれたような気がしたが、振り向いたら、もう姿を消していた。
ボヘミアのカールスバードで最後の散歩をしたベートーヴェンとゲーテが、何を話したかわからないが、ゲーテの詩にベートーヴェンがまともに曲を付けた(一八〇五)まれな歌がある。それは貧しいスイスの少年を描いた詩で、『マーモット(ハイジにも出てくる地リス)を連れた少年の歌』という。正確にはサヴォアの少年で、現在はフランスのサヴォア県とスイスとイタリアにまたがった地方なのだが、貧しかった時代に、この小動物を仕込んだ少年が猿回しのように市場で稼ぎながら旅を続けたという。
「マーモットを連れていろんな国へ行ったよ
食べ物がある所ならいつも
マーモットを連れて
あっちやこっちに　マーモットをつれて……」
(言葉はドイツ語とフランス語が混ざっている)
この歌を、私は日本ではまったく違う歌詞で習った。なぜこんなに変えてしまったのだろう。

「水うち清めし朝の巷に

白露やどせし

紅花黄花……」

というのだ。

中学の音楽の教科書にあったのだが、先生も、ゲーテ作詞、ベートーヴェン作曲の歌を教えている割には、この歌の背景には触れず、こんなに原文を変えて、教科書が編集されたことなどの説明はなかった。先生も知らなかったのだろう。

マーモットを連れた少年は、ゲーテの「フランダーヴェーラールンの年の市」という笑劇の中に出てくる。ベートーヴェンがなぜこの詩に曲を付けたのかは分からない。貧しい少年の歌手だったからかもしれない。

参加者は皆、グシュタードの高級ホテルのレセプションへ。

その晩の私たちのホテルは、スポーツホテル・ヴィクトリア、作業班を偲んで。

写真 3-8：レセプション（左からバルチュス夫人、その右・中原信雄氏、中央の女性・ダグラス・ハプスブルグ博士、その左はロンスペルグ町長、野村さん）

シルバン君と東海道

中原さんは、これから石庭を管理するエシェラー社の庭園技術者見習いシルバン・インデアミューレ（イン・デァ・ミューレ）君を日本へ研修旅行に招いてくれた。

一一月三日から九日まで、鎌倉や京都奈良で庭を見て、野村さんに説明してもらったり、奈良のお寺で僧侶と砂紋を描く練習をしたり、とても勉強になった。

鎌倉でみた光則寺の庭は野

村さんの作品だ。

山を背にした野村さん独特の石の動きが、おおらかだった。光則寺（一七世紀建立）は江ノ電の長谷から徒歩で数分、季節ごとに花がきれいだという。シルバン君はここで初めて「靴を脱いで」寺の中に入った。座敷に「かしこまって」庭を見たのも初めてだっただろう。日本人には当たり前のことが、スイスの田舎の青年には珍しく、自分の不慣れに「平然と」戸惑っている様だった。

彼の名前は「水車小屋の中で」という意味で、元々貧しい階級の人についていていた名前だと、くったくなく話してくれた。年齢も一七歳なのに一八歳と言って、出入国したという、永世中立国の人のしたたかさを持っていた。彼の母語はドイツ語だが、彼はドイツ人でもオーストリア人でもなく、やっぱりスイス人だった。何故と言われても困るが、そうなのだ。

「ねえ、みんなスイスって素晴らしい国だと思っているけれど、本当にそうなの。スイスの個性ってつかめないんだけれど、スイスの愛国心てどんなもの？」

「愛国心あるよ、スイスではね、皆がお山の大将で、他の人に山を取られないように、登ってきたら蹴落とす。そんなものだよ」

「そうなの。そうでもなければ、ヨーロッパの真ん中で大きな国に囲まれて、ここまで強くなれないわね」

シルバン君は、一八世紀なら、マーモットを連れて旅芸人やってたかな、あるいは傭兵としてどこかの封建領主の歩兵をやってたかな。

東京から鎌倉へ、鎌倉で光則寺を見て、京都へ着いた時のことである。

シルバン君は臆面なく聞いた。

「まだ東京にいるの？」

「えっ！　私たち鎌倉で降りて、また新幹線に乗って京都まで来たじゃないの」

「でもね。スイスでは、隣の村へ行ったらはっきりと違いがわかるけれど、ここではみんな同じに見えるよ」

「えっ！　それもそうだけれど、スイスには新幹線の様な早い列車はないしね」

「でも、スイスには色々な鉄道がある。ところで、あれ……なんですか」

シルバンは京都の巨大な駅のピラミッドみたいな階段の上を指差した。

「あれは、クリスマス・ツリーよ」

「えっ、一一月の始めにクリスマスツリー!?　スイスよりだいぶ早いけど、日本人はそんなに信仰が深いの」

「えっ！　信仰？　日本じゃ、クリスマスとキリスト教は関係ないのよ」

「えっ!?」

シルバン君は、びっくりした。それから、腕組みをして考えた。

私がどんな説明をしたかは、くどくなるから、割愛しよう。

石庭に関して彼が学んだことと、短い間に彼が受けた日本の印象の間にはかなりのへだたりがあったのではないだろうか。日本の美を通じて……などと言っている日本人の私にも、現代の日本には、分からないことがある。分からないままにしておかなくては、気が狂いそうなこともある。もちろん、とてもよくわかって嬉しいことも。

びっくりはまだあった。ヤギィさんから、普通の請求書が来たのである。

こんなお金ありません。頼んで、半額にしてもらい、中原さんにお願いした。

スイスはボランティアというのは、自前ではなくて、実費を取るのが常識なのだそうである。もしかして、あのチーズ・フォンジュは？　えっ！？


この年、驚くことはこれで終わらなかった。

一二月の中旬、市川君から電話が入ったのである。

中原信雄さんが突然亡くなったのだった。

「ドイツでは、いいことはみんな三つといいます」

三つの庭を造らせていただいた。まったく……

お葬式には行けなくて、後に日本へ行った時に豊橋で下車、一人でお墓参り。

知らない墓地でしばしうろうろしているうちに、真新しい墓石の前に立っていたのだ。そこに、中原信雄と彫ってあった。お墓を探していると時々こういうことがある。

「中原さん、あの元気な貴方が、この石に……」

心の中でありがとうを繰り返し、私の石庭作りはこれで終わったなと思った。

《第4章》クーデンホーフ・ミツコ記念日本庭園（オーストリア　二〇〇八）

遭うは別れの始めとは……別れは再会の始めとか、終わりは始まりの始まりか、何も持たない人間でも、始めと終わりの仮面だけは持っている。

これで終わりだと思っていたのに、第四の庭が来るとは……これには説明が要る。前奏曲なんて粋なものではない。長い前置きになるが、短く纏める最大の努力をしよう。

袋小路に入ったボヘミアの城修復活動

同時に関わっていたミツコの城修復活動の進行に関しては分からないことがいくらでもある。この城が歴史の負担を背負っていることは分かった。国境をはさんで、ドイツ人は歴史的負担から大変繊細な対応をしていた。チェコ側は、第三帝国への仕返しの仕返しを恐れてか、攻撃は最大の防御的な対応をしていた。それはそうとして、問題は、納得のいく見積もりが発行されないとか、約束事が覆るとか、現場でのいざこざがあるとか、ずさんな工事で、同じことの繰り返しがあるとか、そのような工事の欠陥を放置するとか、信頼できる請負会社に工事を依頼しているのかどうか疑問だとか、寄付金が全額目的通りに使われているか不明だとか、分からないことを挙げたらきりがない。

次第に、いくら鉄のカーテンが取れても、私たちは元社会主義制度で暮らしていた国の人と「共同」作業をしているのだと気がついてゆく。困ったことになった。困惑は次第に不信感に移行していく。こちらが不信感を抱いて、本当のことを知りたくなると、相手は扉を閉め、いい加減な対応を始める、という悪循環も起きてきた。幽霊と格闘しているようなものでもある。

人に聞かれると、私は、「カフカの小説の中にいるみたいなのです」と説明するしかない。詳細はともかく、第三の石庭が出来た頃、城修復に関して私の忍耐は諦めに移行していた。

この活動の中心になっているフルトイムヴァルトの市長ラインホルド・マホ市長が、日本の寄付者と現況の板挟みになって苦しんでいる私に、「大口寄付者の寄付をお返ししょう。しかし、それに関しては、返還依頼を書いてもらわねばならない。法律的な問題も解決しよう」と提案したので、大口寄付者の方に寄附返還依頼を書いていただいた。寄付の返還が行われれば、私はこの摩訶不思議なプロセスから解放され、あとは、城復活挫折の幻滅を克服すればいいだけになる。そんな時であった。

忘れもしない、二〇〇五年九月八日。受話器を取った私の耳に恐ろしく沈んだ声が聞こえた。

「とても悪いお知らせをしなければなりません」

マホ市長が心筋梗塞で亡くなられたのである。

奇しくも、寄附返還依頼の手紙が届いた日であった。私と夫は、すぐにフルトイムヴァルトへ車を飛ばした。市役所は静まり返り、市も市民もショックを受けている。マホ市長は人格も政治家として資質も無類で、みんなに慕われていた人だった。特に国境を越えた交流に力を入れ、子供の頃母親とチェコを追われていたにもかかわらず、チェコとの友好に力を入れていた。

仕返しはよくないと話していた。「復讐の鎖」を切らなければいけないと、話し合ったものだ。近隣の自治体も茫然としている。上プファルツ地方の国境地帯は柱を失ったようであった。実はマホ夫妻も私と同じ年の生まれで、市長にはまだしなければならないことがあったのである。「脱脂粉乳の世代」。私たちは、ドイツと日本で、アメリカの援助で飢えをしのいだ戦後の子供だった。

写真 4-1：メードリングの光子終焉の家

当面、どうしようもない状況になった。何もできない。

ともかく、告別式、臨時の市長選挙などで、何か月か黙って待つしかなかった。

翌年の春、ロンスペルグ城再建推進協会会員はフルトイムヴァルトへ行き、この町で最後の総会を開いた。新しい理事長を選出。よそから来て選ばれたばかりの市長を顧問にして今後の相談をした。この新しい市長は全く変な人で、間もなく市民もそっぽを向く。する

写真 4-2：くつろぐ作業スタッフ

と、自分を認めさせるために新聞記者を集めて、ひたすら亡くなった前市長の悪口を言った。それは酷いものがあった。マホ夫人にとって随分辛い時期だったに違いない。その頃私はもうフルトイムヴァルトとはお別れかも知れないと、随分悲しい思いをしたものだ。

　パンヨーロッパ・ユースだった新しい理事長ブランドルさんの職業は税理士で、ミュンヘンの彼の事務所が組織の新しい本拠となる。事務所の家賃などの費用を倹約して、持ち回りで、会員は自前ボランティアで活動することになっている。ブランドルさんは、公益団体が本来の業務をしなくなったときに、寄附の残額の処理は組織の発足当時の定款に決めてあるので、寄付返還は違法であるということを明らかにした。

　それで、彼と私は、ロンスペルグへいき、どこに使われたかはっきりと寄付者にわかる修復に寄付を使いたいので、見積もりを出してほしいと依頼した。しかし、先方は、そのようなやり方はしたくない、今残っている寄付をすべてチェコ側の口座に移してほしいと主張した。そういうことが可能か、検討させてもらいたいということで退出。ミュンヘンへ戻り、建設業界のことを少し知っている新しい会員に相談したら、チェコ側の要求に応じれば、寄附は城の修理に使われない内に消えてしまうだろうと警告したので、理事長と私は再びロンスペルグへ行き、寄附の全額をなんの見積もりもなしにチェコ側に振り込むことはできないか ら、寄付者の納得がいくように、例えば、本丸の広間の修復の見積もりを出してくれないかと頼んだ。そのくらいの残額はあるはずだ。寄付者が納得してくれそうな部屋だった。

これに対し、ロンスペルグの町長は、それでは秋までに見積もりを出しましょうと回答した。だが、見積もりは、再三の催促にもかかわらず、年末まで来なかった。年を越して、再び催促すると、届いていない見積もりを送付済みという回答。ドイツ側は途方に暮れた。

これが、「カフカの小説の中にいるようだ」という情況である。

すると、あまりひどい話で正確な期日はメモする気にもならなかったが、二〇〇六年の初夏のことだった。寄付者の中心人物の女性が、このことに直接関係のないミュンヘン在住の日本企業の駐在員夫妻と一緒に、「秘密探偵団」を演じたのである。フルトイムヴァルトでチェコ語の通訳を雇い、村木が不正をしているのではないかとロンスペルグの町長に聞きに行った。町長も答えようがなかっただろう。ドイツの公益団体が管理している寄付のことを彼は知る由もなかった。しかし、多分言い逃れとして、その年の一〇月までに見積もりを出すことにしているから工事は再開されるだろうと、「秘密探偵団」に約束をしたということで、彼らは、ミュンヘンの再建推進協会にも、一〇月まで待ってくれと言ってきた。

私たちは、そんな非常識なことをする部外者の横槍に耳を傾ける必要はなかったが、その約束が守られないことを自分たちで経験するのがいいと思い、待つことにした。当然、見積もりは来なかったのである。

ミュンヘンに来た「探偵団」は、村木抜きの理事長との面会を要求したので、偶然滞在していた私の長女が通訳として理事長に随行したが、

「ママ、私は、こんな不愉快な通訳は生れてはじめてよ」と、戻って来た。

ここでも、村木の使い込みを疑っている質問が出たということである。

使い込みするにも、私はこのお金に触れることも、お金のことでサインする資格もなかった。物事が困難に遭遇した時ほど、信頼し合い、助け合わねばならないのではないかと思ったが、その逆の事が行われたのは、こんな行動を思いつい

た人の中に邪なものがあったからだと想像している。だが、この話の成り行きを話すのは、この辺にして……

こんな状況下で、我々の「ロンスペルグ城再建推進協会」は、組織の定款に新しい条項を追加する許可の申請をレーゲンスブルグの裁判所に提出することにした。城修復のために集めた寄付を、その目的のために使うことができない状況の時は、この城に育ったリヒアルト・クーデンホーフ＝カレルギーとその母ミツコに関する文化事業に使えるという条項である。

そして、二〇〇六年の年末にその許可が下りたので、二〇〇七年の初頭、総会を開いて、ブレーンストーミングをした。余り長く何もしないでいると、いままで集めた寄付全額に対して課税される。そこで、私が提出した企画は、二〇〇九年に、鉄のカーテン崩壊後ヨーロッパが解放されてから二〇年になるので、鉄のカーテンを最初に切ったハンガリーとオーストリアの国境の町ショプロンに、「リヒアルト・クーデンホーフ＝カレルギー記念日本庭園」として、パンヨーロッパを表す石庭を作ることであった。

その他にもクーデンホーフの記録映画を作ってはとか、記念の建物などの提案もあったが、保管している寄付はそういうものを作れるほどの額ではない。商業的な石庭作庭にも足りない額であったが、誰も儲けない、実費企画のマネージメントがボランティアということで、寄付金残額で実現可能のはず、石立僧見習いから修行僧くらいに進級したかと思っている私は、上ずった声ながら、かなり熱を入れたプレゼンテーションをしたのではないだろうか。

総会で会員の賛同を得ることができた。

オーストリアのパンヨーロッパ協会
(PAN EUROPA BEWEGUNG Österreich)

ショプロンに石庭を作ることが、本当に実現可能なら組織の許可が下りるということで、原地調査が要求された。しかもこのときだけは、組織が交通費を負担してくれるというのである。それまで、何をしようと、交通費も自前だったので、この寛大な決定をありがたく思った。しかも、ハンガリーに強いオーストリアのパンヨーロッパ協会の事務局のクロウチェックさんが車を運転してショプロンまで連れて行ってくれるという。

クーデンホーフ＝カレルギーは、一九二二年に、ウィーンの宮殿（Hofburg）

の一室を借りて、パンヨーロッパ運動を始めたが、その事務局はもうない。一九三八年、ヒットラーがウィーンに「凱旋」して、オーストリアを併合したときに、ナチが宮殿に侵入して事務局の書類をみんなベルリンに移してしまった。彼らは、パンヨーロッパ思想に反対だったし、リヒアルトが、フリーメースンだとかで、二重に目の敵にされていたのだ。ベルリンにあった書類は、一九四五年にソ連が進駐した時に押収され、モスクワに持って行かれて、そのまま、現在に至るまで返還されていない。ゴルバチョフの時代には戻って来る期待もあったが、プーチンとなると、望み薄である。

パンヨーロッパ・オーストリアは現在ハプスブルグ家最後の皇太子オットー殿下の長男のカールさんが率いている。私がオットーさんにお会いした時は、まだ御自身会長だった。世が世ならば、私なんか、お会いすることはできなかった方であるが、九五歳の誕生をウィーンのシュテファン寺院で祝った時にお招きいただいて、みなさんと、一〇〇歳のお誕生日が楽しみだと話したけれど、二〇一一年、九八歳で、波乱の人生の幕を閉じられた。

オットーさんはとても頭のいい優しい方だった。ロンスペルグの城の修復活動も応援して下さった。私が細々と寄付を集めていた頃、万博開催地に立候補した愛知県の知事を応援されたのは、リヒアルトを通して日本に親しみを感じていたからだそうである。そんなわけで、愛知県知事がロンスペルグの城の修復を助けてくれるかもしれないと、おっしゃっていたが、そのことを言い出す前に、知事は次の選挙への立候補を取りやめたので、言いだす機会もなくなったと、オットーさんに、ずいぶん謝られてしまった。

いくつかの国籍を持つオットーさんは、ドイツの国籍でもあり、ドイツから欧州会議の議員に選ばれていた（一九七九―一九九九）。お住まいはミュンヘン郊外のポェッキング、有名なエリーザベス（シシィ）の育ったポッセンホーフェンの隣であった。奥様のザクセン＝マイニンゲンの王女レギーナさんが二〇一〇年に亡くなってから、すっかり元気がなかったという。レギーナさんも優しい方だった。

二〇一三年までオーストリアのパンヨーロッパ運動事務局は、ベルベデーレのあるプリンツ・オイゲン通りにあった。ハプスブルグ家の皇太子だった方が会長になったので、宮殿を出されたそうである。現在ウィーンはハプスブルグ家の文化遺産で潤っているのに、そのハプスブルグ家にオーストリア共和国は必要以上に冷たいような気がする。

国境ではやせた桜の木がふるえていた

ウィーンで落ち合ったクロウチェックさんと、ワインの産地ブルゲンランドを走り、エスターハージー家の城下町、アイゼンシュタットへ行った。ここは、まだオーストリアだが、文化が重なって、すでにハンガリーの匂いがする。その頃、私は、ミツコの手記に出てくるハンガリーの左手のピアニスト、ゲザ・ズイツィの回想を読み、ハンガリーに関わっていたので、知らない土地に迷い込んだという感じはなかった。しかも、まずエスターハージー家の城の斜め前で、ばったりズィツイの友人で先生のリストに会ってしまった。これが石像でなかったら、気絶しただろう。アイゼンシュタットの城の前に立つと、リスト、ハイドン、サリエリ、シューベルト、フンメル、ベートーヴェンなどが立ち話をしているようで、夢見心地になる。

クロウチェックさんは、ここで私を「ワイン騎士会」という珍しい組織の会長さんに紹介してくれた。パンヨーロッパ・オーストリアの会員だそうである。オーストリアの国籍を持つハンガリー人でティンティラさんという変わった名前の人、オーストリア・ハンガリーの名士に違いない。ここに来た理由を彼に話すと、ワイン騎士会も、欧州解放二〇周年には何かの企画があるので、お役に立つかもしれないという話だった。エスターハージー家の侯爵とも親しいのだという。

それから、一九八九年にパンヨーロッパ・ピクニックがあったところへ行った。

写真 4-3：オーストリアとハンガリーの国境

写真 4-4：鉄のカーテンを切っておみやげに

これを提唱したのもオットーさんだった。オットーさんの末娘のヴァルブルガさんは、ロンスペルグ城再建推進協会の会員でもある。クロウチェックさんは国境の手前で車を止めて、徒歩でハンガリーへ入った。その時はまだ車で越してはいけなかったのだ。

鉄のカーテンを切ってお土産に家にお持ち帰り下さいという感じの看板が立っていた。鉄条網はもうなかったが、ここでピクニックしながら、オーストリアへの出国を待っていた旧東独の人たちの写真が間隔を置いて掲示されていた。開かれてしまえば、なんの変哲もない町外れでしかないが、携銃して見張る人がいた頃は、命がけの国境だったのだ。

時間が運んできた静寂が漂い、近くに淋しげにやせた桜が植わっていた。細い枝が風に揺れて心もとなく並んでいる。桜が育ちそうな土地にはみえない。鉄のカーテンが取れた時に、ブダペストの糸見さんが日本から取り寄せて植えたと聞く。そういう方がおられるなら、彼女に挨拶して活動の内容を聞き、企画がかち合わないように、また何かお互いに助け合うことができるか話し合うために、ブダペストへもお訪ねしなければと思った。

車で入れないので、遠回りして市役所にも連れて行ってもらった。市長にも会って、私の考えを話したが、興味はあるみたいながら、その日は具体的な話になららなかった。今迄の町のように、熱心に聞いてくれたわけでも、ぜひ……と言う感じでもなかった。後で聞いたことだが、市長は二年後の記念式典に自分の最も良い売り方を考えていたという。

運命の寄り道

ミュンヘンを出る前に、偶然、ウィーン郊外の町メードリングから連絡が入り、メードリングの博物館でミツコの常設展を作りたいとか言う話を聞いていたので、仕方なく、メードリングへ寄ってウィーンへ戻ることにしていた。クロウチェックさんは、まだミツコの終焉の家を見てなかったで、現在お住まいのツォトルさんに連絡して、博物館の方とか、近くにお住いの日本人ガイドの方とかとお会いすることにしていたのだ。

私自身は、ミツコについて調べていた時に何回かメードリングへ行き、彼女の終焉の家にその頃住んでいた人で、ミツコに育てられたヨハンナ・ハイゼンベルガーさん、時々遊びに来ていたリィッイ・コンディトアーさん（リヒアルトを知っていた）、近くで子供の時によくミツコを見たスカラベラ博士に知己を得ていた。

だが、私とメードリングとの関係はそれだけだと思っていたのである。だが、お終いにならなかった。

ロンスペルグの城の修復活動で「酷い目に遭っていた」ので、ミツコから解放されたくて、直接関係ないショプロンに行ったのに、出発前にメードリングからミツコのことでの電話がかかるとは「こまったなあ」だったが、無下にも出来ない。でも、私の応答は、「勝手にやってください」に近いものだったはずである。

私の気持ちは、「ミツコさん、さようなら」だったのである。

バカらしい話で、今でも訳がわからないままなのだが、チハコバというほとんど面識もないチェコの「ミツコ・スペシァリスト」の女性が私に関する中傷を日本で広めたこともあった。私は、（現存しない）ある極右政党の政治家の妻で、チェコの文化財をドイツに取り戻そうとして、チェコ政府から訴えられる寸前の人間だとか、その他諸々の荒唐無稽な話なのだ。離婚した夫は当時大学病院の准教授で、政治どころか家族のためにも時間がなく、選挙の時は、私の知る限り、社会民主党（SPD）を選ぶ中道左派だった。チェコ政府の起訴状なるものも一〇年以上好奇心をもって待っているが、まだ届いていない。チハコバ氏はチェコでミツコの名をパテント登録して、ロンスペルグ以外の土地でこの名を使う時は、彼女にパテント料を払わなければならなくしたと聞く。私はといえば、もうミツコは勘弁してほしいのだ。

だが、メードリングでは、ツォトルさんの家に現地の人たちが集まっていた。「私なしでやってください」というかたくなな気持ちが解けるには少し時間がかかったが、博物館のクリスティアン・マッツナー博士が熱心で信憑性がある人だった。この人とはそれ以来いつも前向きな話ができるようになる。メードリングがミツコを発掘して、町のイメージに新しいアクセントをつけようとしているその熱意はわかったが、ロンスペルグのことを考えるだけでも胃が痛くなるくらいだったから、博物館の企画への直接参加は遠慮して、ミツコ展は貴方達でやって下さいと、必要な情報を上げてその日は失礼した。

だが、近隣在住の日本人ガイドの方が作ったという最初の展示が、博物館をがっかりさせて、どうしようと、相談を受けた私が結局パンヨーロッパ・スイスから写真を借りてきて作り直さねばならなくなったのである。顔がつぶれる人が出るので、敵を作ることになるだろうけれど、これはもう……仕方がないのだ。

そのうち、メードリングにも石庭を作ってほしいとマッツナーさんが言ってきた。遠慮がちながら、熱心な口調。これはマッツナーさんのスタイルである。

「石庭はもうお終いなんです。貴方が考えるよりもっとずっと大変な仕事なんですよ」と断ったが、一方、曖昧なショプロンの態度が変わらなかったので、私もロンスペルグ城再建推進協会に相談してみた。組織も活動をしなければ、公益法人の資格を返上して高額の税金を払わねばならないので、ショプロンはさておき、メードリングにミツコ・クーデンホーフ＝カレルギーを記念する石庭を造ることも検討しようということで、なんと、この企画が総会を通過、メードリングに第四の石庭作庭ということになったのである。

ここまでが、この項の前置きだ。ベートーヴェンさんに、「私の耳が悪いからって、いい加減にしてくれたまえ」と言われそうな、不協和音混じりの前奏曲である。

ベートーヴェンとの再会

ミツコが、一九四一年の八月に他界したメードリングは、ウィーンから南（アイゼンシュタットとか、グラーツの方へと言ってもいい）に一六キロの所にある人口二万人余りの可愛らしい町である。この辺りは気候もいいので、（日本の古墳時代頃）ゲルマン人が移動していた頃は、パンノニア（ほぼ現在のオーストリア）からイタリアの方へ移動するランゴバルド（ロンバルダイ高原の方へ行ったゲルマン人）族が一時留まったり、遊牧民のアバール人を押し戻した東ゲルマン人が住み、カール大帝の時代からバイエルン人、フランケン人などのゲルマン系の民族が集落を作った。オットー大帝が、たびたび襲撃するマジャール（ハンガリー）人をレッヒフェルドの戦い（九五五）で壊滅させると、東フランク人（ほぼ現在のドイツ）やスラヴ系の人も住むようになった。ウィーンを包囲したオスマン・トルコ軍（一五二九―一六八三）は略奪破壊殺戮を行ったが、一八世紀から二〇世紀にかけては、そこまで酷いことはなく、ハプスブルグ帝国の都市として比較的平和な発展をしてきたらしい。

ウィーンから馬車でこられる田園都市として、裕福な人の別荘地にもなった。ウィーンの森が縁取りをするブドウの植わった丘陵に囲まれて、ホイリゲ（若いワインを飲ませる居酒屋、一八世紀からワイナリーが始めた）が楽しい雰囲気を作る。丘の上の城の廃墟などがロマンテイックで、シューベルトが「美しき水車小屋の乙女」のインスピレーションをもらったと言うのもわかるような気がする。

ここで私はベートーヴェンに再会した。ベートーヴェンは、一七九九年と一八一〇にメードリングへ来て、ここに住もうかと思ったようだと物の本に書いてある。実際に滞在したのは一八一八年と一八一九年で、焼物師の親方の家（ハフナー・ハウス）に二階の部屋を借りた。ハウプトシュトラーセからバードシュトラッセに曲がる角にある家だ。

メードリングも鉄泉のでる保養地だったので、ウィーンよりゆっくりできると思ったかもしれない。家財道具を荷車に積んで、自分は歩いてきたので、先に着いた運送屋が荷物を町役場の前で降ろしてウィーンへ帰ってしまったという話もある。ベートーヴェンは家財道具の周りで遊んでいた子供たちに手伝わせて、このハフナー・ハウスに運んだのだという。

はっきりと記録されている一八一九年の夏は、特に創造的な滞在だった。ハンマークラヴィア・ソナタ（作品一〇六）やディアベリ・ヴァリアツィオン（作品一二〇）、荘厳ミサ曲を作曲。翌年は、メードリング舞踏曲を書き上げている。一九七〇年、ベートーヴェン生誕二〇〇年を記念して舞台装置家が当時のように再現したベートーヴェンの部屋を一般に公開した。散らかっていて、まるでベートーヴェンが散歩に出たばっかりみたいな様子をしている。この家は、現在ベートーヴェン記念館と呼ばれ、家の横にはベートーヴェンの胸像が置いてある。メードリングの石庭作庭が決定して、見つけた宿ペンション・モニカは偶然このバードシュトラッセにあったので、工事中は毎日、ベートーヴェンさんおはよう、ベートーヴェンさん「おつかれさま」と言うことになったのである。現場も近いので、たまにベートーヴェンが「うまく行っているかね」なんて見に来てくれてたに違いない。

今度の石庭は、母がテーマです

メードリングのどこに石庭を造るかという議論はあまり長くかからなかった。マッツナーさんが候補地の写真を送ってくれたが、二〇〇八年四月に野村さんが来てくれた時に決まった。メードリング博物館の庭である。バロックの公園の一角で博物館の建物の前、坪庭より少し大きいくらいの土地で、片側イチイや栃の木の植えこみである。反対側には細い白樺が二本。これはそのままでいいだろう。バロックの庭と石庭をどのように調和させるかという課題に直面するのだが、考えてみると、これはかつて一人の日本女性が遭遇した異文化の追体験なのだ、というようなことを言いながら、こんな理屈が浮かんでくるのを自分でも感心しているのだから、世話はない。

「石庭は円形になりますから、螺旋形の腕を伸ばしてバロックの庭とのつながりを作りますよ」などという私を、野村さんが我慢しているような感じだった。

今度の庭は、言葉通り「ミツコ・クーデンホーフ記念石庭」なので、母をテー

写真 4-5：博物館のバロック様式庭園

メードリングの石庭イメージ画（野村）

写真 4-6：バロック様式の石庭完成

マにして、真ん中に丸、これが母で、すべては母から出て母に戻るという構図を考えていた。中央の円から、螺旋形に出てゆく光のようなものを敷石と砂利で表現してはどうか、それは必ず終わりのない曲線を秘めるバロックにつながるだろう。石庭の前にネオ・バロックの小型の噴水がある。

ミツコは、この庭の螺旋形の敷石の上を歩いて、ネオ・バロックの噴水を見て、足を止め、「これが西洋のものなのだ」と思う。噴水の水を通して見えるバロックの庭は、優しく彼女を招くだろう。

腕組みをして聞いている野村さんは、私の言いたいことが、分かっている。

間もなく誕生する設計図はもう彼の頭の中で出来ているに違いないのだ。

メードリング市は博物館の庭に石庭の出来ることを歓迎したし、博物館はこの企画の実現を喜んだが、最後に一つ、年取った館長さんから質問がでた。

「この建物の二階のホールは、結婚式にも使われます。ハイヒールの花嫁が庭に出てきて、敷いてある石につまずきませんか？」

「気を付けなければつまずいて転ぶでしょう。でも、人生ってそういうものだから、結婚式の後に歩いてもらう敷石に凸凹があるのは、そのような人生へのスタートとして、いいと思いますよ」

とっさに、このようなことが言えるのは、つまずいた経験のある者だ。

博物館のある建物は、一七世紀に元々カプチン派の修道院だったが、一八世紀に還俗。絹工場や劇場や、貴族の館になったりしたが、一八八九年に、トネット家が買い取ってから、トネットの小城と呼ばれるようになった。博物館は一九〇四年からあるそうだが、一時銀行が入ったり警察が使ったりして、一九五八年からメードリング市の所有となった。

いろいろな歴史を生きぬいた建物なのである。博物館の庭が公園として市民に公開されたのは、この前の戦争の後だという。

ウィーンの森で石探し

野村さんに日本から何回も足を運んでいただくわけにもいかないので、設計図はまだだが、どこから石を持ってくるかは確認しなければならない。この土地で生まれ育ったマッツナーさんが頼りだ。ここまできて、石のことを考えるというつもの「聖なる楽観」である。マッツナーさんといろいろな所に行ったが、ないのだ。どの石もやわらかい石灰石で、使い物にならない。

太古この辺は海で、アフリカの方からの圧力でアルプスなどの山ができた時に陸になった。この辺の石はプランクトンとか太古の生物で出来た石灰岩なのだ。靴で蹴ると、ぼろぼろかけるくらい柔らかい。花崗岩などがほしければザルッツブルグの方へ行かねばならない。輸送時間少なくても四時間。

野村さんのような庭園作家と、昔の石立僧のようにザルツブルグまで旅をしたら、どんなに勉強になるだろう。だが、現代人にはそういう時間の余裕がない。

「野村さん、どうしましょうか」

「フーム、これじゃしょうがないね」

ここまで来ると、事情が分かってきたマッツナーさん、しばらく黙っていたが、

「もう一つ可能性がある。そこまで車に乗せていきます」

「あるんですか？」

「行って見なければ分からない」

私たちはメードリングを出て、二―三〇分、よそから来た者には絶対に見つからない場所へ行った。ウィーンの森の中にあるギースヒューブルと言う町の外れにある巨大な採石場であった。野村さんには珍しいことではないかもしれないが、石の圧力に私は、アリンコになったみたいに萎縮してしまった。

「ここも石灰石ですが……」

マッツナーさんが入り口で許可を得て、三人で「地球の中へ」入って行った。

野村さんは石に触ったり、突っついたりしている。

「深い所にあって、重みに耐えたので硬くなったんですね」

陽が傾いて、採石場は別世界の色を帯びてきた。

「これで、行けるでしょう」

野村さんの声に、私は心の谷底から這い上がった。

翌日は、園芸会社へ行った。

今度は女性がテーマなので、植物を使うかもしれない。野村さんはバロックの噴水の向こうに藪を築き、スタイルの異なる庭が連絡し合うような石を組んで、バロック庭園への移行を自然にしたいと思っていたのだ。またバロックの噴水の向こうに築山を築いて、スタイルの違う庭が連絡し合うような石を組むことによって、バロック庭園への移行を自然にしたいと思っていたのだ。

野村さんが日本に帰り、間もなく設計図が送られてきた。工事の日を決めて、作業班の結成を依頼した。今度は、私が組織から預かったお金を管理しなければならない。領収書をなくさないようにしなければ。皆さんの滞在費と日当を預かっていくのだ。ロンスペルグ城再建推進協会は、会員以外の人の労働には報酬を払うことが出来るので、今回、日本から来てくれる作業班のメンバーには、私の石庭作りでおそらく初めて日当が出せる。

限られた条件で頑張ってもらうのだから、少なくともオーストリアからささやかなお土産を買っていけるくらいのお礼が払えることは、私をホッとさせた。

まさかの四番目……バロック公園の中に

日本では旧盆が終わった八月一七日、フランクフルトで合流した作業班がウィーン空港に到着した。今回は、野村さんの後輩の東京農大卒業生が四人東京から合流して、すでに四回目の野村さん、板倉さん（造園道場の名は「賢庭」となる）、梅村さん、市川君という経験者に、野村さんの後輩の久我（後に下関の彦島造園の内田）俊意さん、萩の廣兼造園の廣兼基君、農大大学院の細野達哉君と栗原裕也君が、初参加であった。仕事の段取り、作業の振り当てなどは、板倉さんに任せて、私は、コミュニケーションを助ける以外は、黙っている方がいいのだ。変な口を挟まない方が、野村勘治と七人の「小人」に迷惑がかからなくていい。

細野君が今までになかった荷物を持ってきた。メードリング滞在中現地との交流に活躍することになる三味線だった。彼は、大学院博士前期課程を修了して、国立音大の科目履修生なのだった。素人の私が、石庭は石の音楽だとか始めたら、ひんしゅくをかっただろう。

八月一八日から作庭が始まった。工事中のメードリング側の責任は、市の緑地公園課。課長のラオホさん、作業班到着前に仮設道具小屋を設置してくれていたことからも、経験の豊かさを感じさせるが、作業班のメンバーと直接言葉で話し合うことができないということ以外はすべてのことを解決できる人だった。サンタクロースの体型で口数少なく、信頼感があったけれど、彼の携帯の音だけは凄かった。子供が叫んでいるような音で、知らない時は、鳴ると、びっくりした。何事かと辺りを見回したくらいである。

工事の進行は大体いつもと同じであるが、景石を据えるためのワイヤーは絶対に注文していた通りのものは来ないと思っていた。ドイツやオーストリアでは、石庭の石組というものがないので、ワイヤーで石を吊ることはしないから、絵を描いて説明しておいても、欲しい形のものは来ない、これはコミュニケーションの問題ではなく、文化の違いで、やって見せるまで分からないのである。

この状況は、作業班にも現地のアシスタントにも実際に体験して理解してもらうしかない。また、私の説明が足りなかったと思われることも我慢して、これは、「やりながら学ぶ」形式をとることに腹を決めた。クレーンを操縦してくれるハリーさんは、ポピュラーな歌を歌う人で、朗らかながら、石組の経験は初めてだから、始めは、何をやらされているんだろうと不審に思っていたに違いない。これも、「やりながら学ぶ」しかないことなのだ。野村さんの妥協のない石組を半日体験すれば、皆が、日本人を尊敬するようになる。

二一日になると、景石がみんな据えられたので、庭の形ができて、公園へ遊びに来る親子や老人が、話しかけてくる。おかしいのは、市がまた「市民の血税でわけのわからないことをする」と文句を言い出すので、これは市のお金ではなくて、日本からみなさんへの贈り物ですというと、態度ががらりと変わった。

皆さん、税金の使われ方は、気になるのだなあ。

八月は天気がよく、みんなでそろって昼食に行くのが楽しかった。現場から徒歩五分のカフェで、日替わり定食を頼んでおいた。ベートーヴェン記念館の数軒先で、ここから歩行者ゾーンが始まり、市庁舎前広場を眺めながら昼食した。

カフェの横の道を越したところに、ペストの塔が、亡くなった人の慰霊と、犠牲の少なかったことを感謝して立っている。その周りには小さな野菜の市が立っていることもあって、メードリングの人々の生活の一端を垣間見ることができた。これは、新しいメンバーにとって、ウィーンの森から採石したり、バロックに石庭を造形することと同じくらいにいい経験になったのではないだろうか。

夕食は現金を支給して、どこで食べようと各人の自由であった。二三日で一週間。板倉さんが材料の過不足などをチェックして、知らせてくれる。噴水の向かいに築山ができると、博物館の建物に寄り添って生まれつつある石庭が継子的存在から解放されて、バロック庭園に迎えられた感じになる。

数日後、日本オーストリア交流「日本の夕べ」。ミツコ終焉の家の現家主ツォトルさんの台所を借りて日本食を作り、彼のアコーディオンと細野君の三味線演奏。オーストリア民謡と津軽三味線で雰囲気を盛り上げる。夜も更けてそろそろかという時に、ラッパを吹く愉快なツォトルさんの友人が、オーストリア・ハンガリー時代の楽隊の制服で『神よ、皇帝フランツを守りたまえ』という昔の国歌を鳴らした。現在のドイツ連邦共和国の国歌でもある。ワイマール共和国の時に、オーストリアの国歌を頂いちゃった感じのハイドン作曲の名曲だ。だが、数分後にかっこいいオーストリアの警官が現れて、近所から警察にクレームの電話が入ったから、音を小さくするようにと警告。すぐ警察に電話する隣人がいて、誰だか分っているという話だった。

二四日の日曜日は皆でウィーンへ遠足。

ヒーツィングの墓地へミツコの墓参りに行き、シェーブルンの動物園の入り口の横にある「日本庭園」を見学。もともとモラビア（現在チェコ）の庭師が、ロンドンのチェルシー・フラワーショウでインスピレーションを得て日本的な庭園を造ったのが忘れられていたのだそうだが、偶然発見されて、かなりの費用をかけて再建されたものだという。

二〇世紀前半のジャポニズムの流れだったのだろう。再建した時に追加した部分もあるようだが、テーマがなく、日本庭園品評会と言う感じで、日本人には見る価値のあるものと言うわけではなかった。ウィーンには、世田谷公園とか寅さん庭園もあるのだそうだ。

午後は自由で、野村さんについて行ったグループはウィーンで随分勉強したようだ。みんな、これ以上歩けませんと言う顔で帰ってきた。

次の週は縁石、テラスの敷石、モルタル打ち、砂利を敷き、土を盛ったところにグランドカバーや低い木を植える。木曜日の夜は、町で一番大きなオトマー教会でオルガン・コンサート。ウィーンのシュテファン寺院と同じ砂岩を使って作られたというこの教会は大変立派なものである。元々九世紀にあった教会が、破壊されたりして何回も立て直されて現在のものは一五世紀の建物、一八世紀にバロック化されたゴシック建築である。

演奏は、ヨハン・セバスティアン・バッハ（一六八五―一七五〇）のファンタジーとフーガ（BWV五四二）と息子のエマニュエル・バッハ（一七一四―一七八八）のト短調のソナタ、同時代のジャン・アダム・ラインケン、少し新しいオリバー・メシアンとヨーゼフ・ラインベルガーの曲だった。後ろのオルガン奏者の演奏が祭壇にかけられたスクリーンに映し出されていた。演奏の後、丘の上にある教会から、薄明かりに照らされた道を町へ降りていくメードリングの夏の宵は、ベートーヴェンさんが後ろに手を組んでやって来そうな、古く懐かしい色をしていた。

一八一八年に来たときは、さんざ苦労させられた甥のカールも連れていたという。フルトイムヴァルトで聞いた第七の作曲も一八一八年、この頃、耳も悪くなっていた。どのくらい聞こえないのか、本人しか分からないはずだから、ベートーヴェンの耳の話は難しい。ボンの生家には、耳に当てる大きなラッパが置いてあった。六〇回も引っ越したというから、自分には聞こえなくて、周囲には耐えられないくらいうるさい生活（例えば 夜中にピアノを弾くとか）を繰り返し、「出てってくれ」と言われたかもしれない。

ちなみにメードリングには、一二音技法を作り出した作曲家アーノルド・シェーンベルグ（一八七四―一九五一）も二七年も住んでいた。ミツコが転入してきた頃も遠くないところにいたはずである。まあミツコは、西洋音楽にはなじみがなかったみたいだし、シェーンベルグなんかとんでもなかったであろう。

二九日の金曜日に工事は終わった。この日の晩は、マッツナー夫妻をホイリゲに招いてメードリングお別れ会。翌日、石灯篭の据え付けして、ウィーン向かった。ウィーンのホテルはシュテファン寺院の近くのホテル・ロイヤールだった。

四つ目の石庭が完成した。四より五の方が数としていいかな、なんて漠然と思いながら、お互いの無事を祈って別れた。二〇〇八年八月三一日である。

《第5章》石庭、パンヨーロッパ枯山水（ハンガリー　二〇〇九）

ショプロン

図らずもメードリングに石庭が出来てしまったが、ショプロンの企画がなくなったわけではなかった。初めて接するハンガリーの政治家の態度からは、彼らの本意がどこにあるのか分からない。ハンガリーだけではなく、石立僧見習いや売れない物書きには、政治家のやり方なんかまったくわからないのだ。石庭も五つ目になると、世の中が理想主義だけで動いているのではないらしいことは悟ったけれど、じゃあ、どうすればいいのか。

何も決まらないうちに、二〇〇八年も暮れようとしている。このような雰囲気は、ある種、ロンスペルグの城の修復に絡んだチェコの政治家が醸し出す空気に似ている。

ところが、二〇〇九年八月の欧州解放二〇周年記念式典に絡んで、複数の人から問い合わせが来た。アイゼンシュタットのワイン騎士会が、その後ショプロンの石庭はどうなっているかと聞いてくる。ベルリンの団体も何か企画があるという。また、平和の井戸を掘っている団体が一緒にやらないかと電話。

「私は井戸を掘るつもりはありません」と断る。

このままにしても置けないので、ケリをつけるためにショプロンへ出かけた。

左手のピアニスト、ゲザ・ズィツィを通して知ったハンガリーへの親しみを失う前に、ショプロンの市長とお別れした方がいいかしれない。ズィツィの足跡を訪ねて、ブダペスト、テテットレン、セケシフェヘルバー、セゲットなどで触れたハンガリーの空気、ズィツィが伝えるフランツ・リストの人間、ウィーンの大車輪の見える老人ホームに住んでいたズィツィのお孫さん（故）から感じたハンガリーを、私はそのまま大切にしたい。

今回はウィーンから一人で鉄道でショプロンへ。

駅から歩いて旧市街へ行く。ショプロンは、人口六万人の、なかなか魅力的な町である。

ハンガリーの町だが、オーストリアの町だと言われれば、そう思えないこともない。一七世紀の大火事のあと、バロックの建物が建ち、ハプスブルグの支配下にあったからだろう。しかし、第一次大戦後、最終的にどこの国に属すか市民投票があり、六五%がハンガリーに投票したのでハンガリーの町になったという。だがこれには裏があって、ハンガリーは投票前に兵隊を多数転入させてハンガリー人の割合を増やして投票に臨んだそうである。

モーツアルトの生れたザルツブルグなどでも、やはり同じような投票があって、こちらは、市民の大半がドイツを選んだけれど、戦勝国がそれを許さず、オーストリアになった。

旧市街の古い火の見の塔と市庁舎はこの町のイメージを決めているが、旧市街にはローマ時代から人が住んでいたので、ローマの遺跡も保存されている。ローマ人は民族移動時代に南へ後退していった。九世紀には東の方からマジャール(ハンガリー)人が到着して、町を作った。一三世紀にボヘミアのオトカー二世が攻め入り、子供をたくさん人質として連れて行ったと言う話は、「ハメルンの笛吹き男」を思い出させる。その後、町はハンガリー王に忠誠を誓ったそうだが、近世はハプスブルグの勢力下で時を刻んだようだ。

しかし、今は前述の投票によりハンガリーである。しかも、一九四五年のドイツとオーストリアが敗戦すると、ドイツ語を話す人達を追放したので、現在ドイツ系の人は五%だ。

追われたドイツ系の人は、中部ドイツのバード・ヴィムペンと言う保養地に移住したので、現在ショプロンはバード・ヴィムペンの姉妹都市になっている。追い出した人の住む町と姉妹都市というのは、ハンガリー風のやり方で、このような仲直りの仕方は、チェコ人ではまだ……。

救いの女神、レカ・ギメシさん

「それでは、この話はなかったものとして……」と言うつもりで、市庁舎の階段を上ると、若い女性が私を迎えて挨拶した。今迄も市長や上役と顔を出していたようだが、ちゃんと見ていなかったので、初対面のような気がしたが、そういうことではなかったらしい。彼女は観光局の人で、ウィーン大学で学んだというきれいなドイツ語を話す。後から分かった事だが、前市長の娘さんだという。話を聞くと、このお宅もオーストリア人とハンガリー人が混ざっている。

事情を知っている彼女は、気の毒そうに切り出した。

現代史におけるショプロンの位置を考えれば、リヒアルト・クーデンホーフ＝カレルギーを記念して石庭を造ることはとてもいいことだと思うが、町の政治家は二〇〇九年の式典でなるべく得をしようと思っているから、何も決まらない、市長に代わって、彼女がこの事を進めさせてもらうことにした。恥ずかしいけれど、行政は何も決定できない。今後、彼女が窓口になる。何でも相談してほしい。

ギメシさんの話には誠意が感じられ、彼女の目を見ていると、大丈夫そうな感じがして、この話はなかったものに……なんて、切り出すチャンスはなかった。


私の決心も早かった。彼女とならやれそうだ。

カールスバードでも、ツザンナさんに会った時に作庭は大丈夫だと思った。メードリングも、マッツナーさんがいるから大丈夫だと思った。

ギメシさんは救いの女神なのだ。

「ところで、すぐに場所を見ませんか？」

二人で候補地を見に行った。二つの候補地を見せてもらったが、一つの方は、土地が私を歓迎していないような感じがした。もう一つの「平和公園」と呼ばれているショプロンの駅の後ろの一角が、荒れているけれど、いいかもしれないと思った。すでに植わっている樹木はそのままに、公園の半分は子供が遊ぶ場所で、段差のある高い方の土地が、控えめな挨拶をしているような気がした。

もう一つ便利なことは、公園の前に「ヴァーダシキュールト（独・ヤークトホルン、狩猟ラッパ）」という気の利いたペンションがあり、作業班はそこに泊まって、テラスで昼食もできるし、休憩も取れる、トイレも使えるのだ。しかもペンションのレストランは、ショプロンで一番おいしい店という。その上高くない。しかもマスターが親切。場所を決めるのに、こういうことはバカにならないのだ。石庭が完成したあとで、何かとマスターに連絡できる。石立僧見習いは興奮した。

ミュンヘンに戻って、ロンスペルグ城再建推進協会に報告。すでに会議で結論が出ていたことの実現が延びていただけだったので、こちらは問題はなかった。市川君と野村さんに連絡をとる。一〇月に名古屋へ行き、ショプロンの話をする。二人とも、まずは、半信半疑で、野村さんが現地を見てから、進めようということで日本から帰ると、まさに師走、指の手術、次がおっそろしく痛い足の（結果的無意味な）手術、退院するとクリスマス、抜糸すると大晦日、季節を感じることもなく年が行った。

雪とともに明けた二〇〇九年。ギメシさんは頑張ってくれているが、ショプロンの市長からちゃんと承諾を取らなければならない。術後の下駄みたいな靴を履き、松葉杖をついてショプロンへ行き、ギメシさんが準備しておいてくれたので、まず、市長を訪ねた。

「鉄のカーテンはハンガリーのショプロンから崩壊しました。今年欧州解放二〇周年のお祝いがあります。世界はショプロンに注目します。欧州中の代表が集まって祝う八月一九日の記念式典は、戦争のない世界のマイルストーンにもなるでしょう。この機会に、第一次大戦後に国境のないヨーロッパを提唱したリヒアルト・クーデンホーフ゠カレルギーを記念して、異民族の平和共存を象徴する石庭を作りたいと思います。

よい場所をご推薦下さいましてありがとうございました。『平和公園』は、石庭を得て、まさにその名にふさわしい公園になることでしょう。間もなく、日本を代表する庭園作家野村勘治さんが下見に来て、この場所が石庭に適しているかどうか判断して下さいます。その結論が出ましたら、七月末に完成の予定ですべての段取りをいたしますので、お任せください。すべては、ギメシ夫人と相談の上、最も良い進め方をしますので、ご心配なきよう」

と、（準備していた）長い挨拶をした。どのみち、曖昧な市長は、もう何も言う必要がなかったのだ。ギメシさんは黙っている。秘書が市長に次のゲストが到着したと合図する。ギメシさんと私は廊下に出て、顔を見合って、うなずいた。

こうなったら、なるべく早く師を連れてこなければ、石立小僧の心は野村さんのアトリエのある名古屋の撞木町へ、資料や製図の散らかった何でも可能な創造的混乱。

ギメシさんに、野村さんの日程を連絡すると言って、一人で「平和公園」へ行って見た。私の頭の中では、ここに作る石庭の輪郭が濃くなってきていた。

雪でぐしゃぐしゃになった術後の履物でウィーンへ、そしてミュンヘンへ戻る。

「この靴で何をしたんですか?」と整形外科医。

こんな無謀なことは、これが最後だと思う。

しかしこの数年、私の「これが最後」は誰も信じてくれてない。

政治家はほっときましょう

一月のうちに野村さんとショプロンへ。雪に覆われていたが、候補地を見せた。今までもそうだが、こういう時は、平和公園を見せた。しばらく二人で黙って立つのである。私は横で野村さんの様子をうかがう。野村さんが写真を撮る。歩いてサイズを測る。腕組みをして立つ。私は「寒いな」と思いながら、私は、師の心の動きを探る。

「出来そうじゃありませんか」

大体これに似た言葉で、コミュニケーションの発端を作る。

「ウン……」

およそこんな反応。

「やはり、市長にお会いになった方がいいと思うんですよね」

市庁舎のある旧市街は、ショプロンらしくていい。

野村さんにも近くのローマの遺跡を見てもらう。彼もこの町に魅力を感じているようだ。

ところが野村さんが市長に会うと、この態度では、ショプロンに「パンヨーロッパの石庭」を作るという企画は、足りない火で煮物をしているような進行の仕方をしているような印象を与える。これは、旧「東欧」で何かしようとする時にありがちなスタイルなのだが、日本から来た野村さんには、「この人には石庭なんかどうでもいいんじゃないか」という印象を与えたみたいだ。野村さんは、何のために市長に会ったのかと、思っているに違いない。

「あれは、市長のいつものスタイルなんです。私も彼が何を考えているか、よくわからない。でも、ああいう政治家のこと気にしていたら、何もできませんよ」

野村さんは、きっと「村木節」を聞かされていると思っているのだ。

市長室を退出。

心配して来てくれたワイン騎士会の人が、ハンガリー料理に招いてくれた。

「この人、何をしている人なの？」

「野村さん、私にもよくわからないのです。でも、親切でしょう。このような人って、この辺には珍しいものではないみたいです。先日、わたしにもハンガリーの何とか騎士会の騎士に任ずるって話があったんですが、まず儀式用の衣装を買うお金もないし、そんなことしている暇もないから断りました。フリーメースンとかも、こんなものかなと思うんですけれど、皆、いい事をしようと思っている人達みたいなんですよ。ロータリー・クラブだって、いってみれば、もともとそんなものじゃなかったのかな……と思うんですけれどね。ロータリーは女性も会員になれるから、フリーメースンのような秘密っぽさがない。女はおしゃべりだから、秘密は守れませんよ」

野村さんは、石立小僧が何とか騎士会に誘われたとか、何だ、この話、と思っていたようだ。まあ、好きなビールを飲んで、今後の発展を楽しみに。

こういう情況の時は、書類を作ったりすると、すべてがダメになる。

記憶力を頼りに、ただ前向きに考えるしかないのだ。

石はやっぱりウィーンの森から

四月にふたたび野村さんに石を見に来てもらう。ウィーンの空港に出迎えて、(理由なく)彼の怖がる私の運転でまずアイゼンシュタット。結局、野村さんは、旧神聖ローマ帝国をひきずり回されたことになる。多分、始めは変な人に会ったと思っていただろう。彼は、私にも初めて会うタイプの人だった。お互いにこっそり腹を立てたこともあるだろう。今も変な人と思っているかもしれない。しかし、私たちに共通のものは「聖なる楽観」である。

「アイゼンシュタットって、不思議な魅力がありますよね。なんだか、色々な音楽が交差して、作曲家の顔が浮かんでは消え、シューベルトの『さすらい人の歌』にリストのトランスクリプションが重なり、シュトラウスのワルツにチャルダシ(ハンガリーの民族音楽)がまざっちゃったり、ハイドンは今も生き続けている。聞えませせん、音楽が……」

「でも、これはモーツアルトですけれどね」

しかり、レストランでかかっていたのは、モーツアルトの「アイネ、クライネ……」だった。

私と同行することは、野村さんにもシンドイ部分があるので、疲れをビールで癒している。ビールは、ビール・バッカス石立僧の救いなのだ。

「先生、それじゃあお休みなさい。明日からよろしくお願いします」

アイゼンシュタットで一泊して、ショプロンへ。

ギメシさんと、民間企業に様変わりした（当てにならない）緑地公園課の人が待っていてくれた。それから、石のありそうな場所を数か所回ったが、これはもう最悪だった。ごろごろしているのは使い物にならない石灰岩である。この石がみんな崩れたら砂漠だ。

「石は、ウィーンの森から持ってきましょう。マッツナーさんに電話します」

「そうするより仕方がないかもしれないね」

このとき、大変だというより、私の前で「聖なる楽観」がきらりと光ったのだった。

ハンガリーもEUに加盟したから、オーストリアのトラックがわんさと石を積んで国境に着いても問題なく、そのまま通過できるだろう。

鉄のカーテン崩壊直後のドイツとチェコで、私はすごい場面を見ていた。長距離トラックが近くない隣の町まで並んでいる。運転手は道路で簡単な食事を作って野営するのだろう。

だが、何日？　可哀想だなあ、大変だなあ、私は心から同情した。乗用車でこのようなトラックを越して行く時は、運転手たちににらまれているような感じで、つらい。乗用車でも、途中まで行って長蛇の列に会い、先が見えずにUターンしたこともある。フルトイムヴァルトのマホ市長と、ロンスペルグの会議に出るのに、列の後ろについたのでは間に合わないので、パトカーに先導してもらったこともあった。

「大丈夫ですよ。野村さん。マッツナー博士にギースフューブルの採石場に問い合わせてもらいます。お金のことは心配しないでください。国境も問題ない」

わたし達の石庭が安くできた原因の一つは、石は大概無料、一度払ったメードリングでもマッツナーさんが交渉してくれて安く入手してきたからだ。

数字は苦手だが、感覚で大丈夫だと思った。お金のない人間は、なくす心配がないので、お金に固執しないものなのだ。出ても入ってもあまり数えない。

ハンガリーの石庭の石がウィーンの森から来るなんて、素晴らしいことではないか。一人で感激している私の傍らで、野村さんは、ディザインのことでまた私が譲らないことを感じているようだ。夕食にまたビールを十分飲んでもらった。

庭はまた円形になる。円以外の石庭なんて私は作るつもりはないのだ。それは他の人がすればいい。四角い庭は、男性が作ればいい。

それが、石立僧の見習いの言うことか。どうでもいい。パンヨーロッパの石庭は丸い世界。真ん中に、誰もが到達したい平和な世界がある。歴史的にこの辺りに来た様々な民族をこの平和な世界へ集めよう。東からマジャール人、彼らはウラル・アルタイ山脈の西から出発している。南東からはトルコ人、南西からはローマ人が来た。北からは、スラヴ人、北西からはゲルマン人（ザクセン人、フランク人、スエヴィ族など）、そのような民族が敷石や砂利で表されて、真ん中の平和な世界（極楽浄土と言ってもいい）へ向かう構図だ。

日本へ帰る野村さんとデザイン、作庭の日にち、作業班の結成について話し合い、後のことはすべて任せてほしいとばかりに、ウィーンの空港で別れた。

間もなく、日本から作業班のメンバーリストが届き、工事は七月五日から一八日と決まったということで、私はフライトの予約に入る。もう一度ショプロンへ行き、宿の手配、昼食、機材のチェックをした。五月にまた指の手術。やっと両手に石鹸をつけて洗えるようになり、七月を待つばかりと張り切っていると、ギメシさんから大変なメイルが入った。

やっかいな土地台帳

心配だから、平和公園の土地所有者を確認するつもりで念の為土地台帳をみたら、この土地は、市のものでなく、カソリック司教区のものであるということが分かったというのである。このことを市長も行政も知らなかったのだ。

そこで、司教に許可をもらうために、ギメシさんが司教のオフィスへ行った。すると、司教は、カソリックの土地に仏教を象徴する物を作るのはどういうものか、というのだそうである。

すべてが国有化された元社会主義国では、土地や建物の所有の問題は複雑である。東西ドイツが統一した時もそうだった。このテーマは複雑なので割愛したいが、所有者が見つかったのは運がよかったので、家族が消滅していたり、どこか遠くに亡命したりしていたら、時間がかかり、計画中のことでも諦めた方がいいというケースにもなりかねない。

ショプロンの場合は、市の土地ではなかったが、司教の許可が下りれば解決する。司教の裁断にかかっていた。どんな方だろう。ギメシさんに、私が司教を訪問して、石庭と禅仏教の関係について話そうかというと、説明してくれれば彼女がやってみるというので、それは当然、ハンガリー語でこの国の様子を分かっている人に任せるに越したことはない。そこで、ミュンヘンの石立小僧は、次のようにまとめてみた。

「石庭の歴史は日本に禅仏教が入ってくる以前に始まったもので、禅仏教の浸透と共に石庭文化も広がり、並行して発展しました。当然、禅と石庭の関係には深いものがあります。しかし、この庭のスタイルは独自の庭園様式として、宗教に直接関係のない場所にも採用され、日本人の美意識を表現してきました。

私に言わせれば、自然を石で作曲した音楽のようなもので、庭園作家の野村勘治氏に言わせれば、三次元の絵画なのです。庭園芸術の歴史が生んだ最も美しい石の造形で、私は、石庭が世界庭園史の未来を担う作庭の一つの方向と考えています。それを異なった文化の共存するショプロンに作ることは、この町の未来を暗示するものだと思います。ショプロンとハンガリーとその他の世界のために、欧州解放二〇周年を記念して、司教区の土地に、異民族平和共存を象徴する石庭を造らせていただければ、幸いに思います」

ギメシさんは、こんなのをどうハンガリー語に訳してくれただろうか。

彼女は、賢いだけでなく、正義感があり、前向きの人である。

翌日、彼女から、またメイルが入る。

「仏教を布教するつもりはないのか、聞かれてます」

「まったく、ありません」

さすがに相手は司教、私たちも真面目な仏教徒だと思っているらしい。

この点に関しては、我々日本人、どのくらい「鷹揚」か、話しても分かってもらえないだろう。京都の駅の一一月始めのクリスマス・ツリーを思い出す。

「日本ではクリスマスとキリスト教は関係ないのよ」と私が言った時のシルバン君の顔。

仏教布教をするしないの問題は、ギメシさんが賢くまとめてくれたようで、コミタート（県）の司教区から石庭作庭の許可が出た。だが、この頃はもう作業班のフライト予約もして、予約金も払ってあったのだ。

リヒアルト・クーデンホーフ＝カレルギーはフリーメーソンか

土地台帳の話は一応解決した。これで、欧州解放二〇周年記念に、「リヒアルト・クーデンホーフ＝カレルギー記念石庭」作庭を阻むものはない。

国境に桜を植え、ここに見学に来る何人かが腰かけて休めるようなパビリオンを造ったブダペスト在住の糸見さんを訪ねて、協力の可能性などを話し合った。ハンガリーに長い彼女に、失礼があってはいけないと思ったのである。彼女は、二〇周年式典に日本から合唱の人を招いて、第九の演奏を企画しておられて、私は、ソロの四人の歌手のギャラを助けてくれないかと頼まれた。これは、当面、ロンスペルグ城再建推進協会には頼めないので、他の友人を通して日本の篤志家から寄付を頂いて渡した。

糸見偲さんは、元女優さんで、ジャーナリストとして映画祭で知り合ったハンガリーの映画監督と結婚した。その方が後に政治家になり、ハンガリーにおける欧州解放の動きの中心人物の一人として活躍されたということである。ブダペストのドナウ河を見下ろす高級住宅地にある立派な家にお邪魔して、素晴らしいパノラマを楽しませていただいた。ブダペストが最も美しいアングルかもしれない。

黒い森から黒い海まで二六〇〇キロ、この河は、今も昔も、色々な民族の命の土地を縫って流れ、流れている。流れの先の湖まで見えてしまいそうな遥かな、雄大な、眺めである。でも、私はドナウ河をほんのたまにこの角度から見られるだけでよかったかもしれないと思った。毎日見て暮らしたら、この河に沿って起きた歴史を考えてしまうだろう。

とはいえ、重ねて糸見さんを訪ね、欧州に住む日本人同士が建設的な関係を持ち合えるようになれば、我々の文化も、一回性のパフォーマンスを越えて、根を張り、花を咲かせていくことができるかもしれないと思った。だが、その花には、信頼と言う養分が要る。

これで、野村さんと愛知のエリート部隊を迎えるまでとなった。

ところが、そうは問屋が卸さなかった。

またギメシさんから電話だ。

ハンガリーのマスコミの人から忠告があるという。すぐ電話がかかってきた。

「リヒアルト・クーデンホーフ＝カレルギーはフリーメーソンだったから、貴方が今作ろうとしている庭に、彼の名前を付けることは、教会も納得しないだろうし、ハンガリーでは、外国人の名を公共の場につけることは、とても難しい。申請して許可が下りるとしても、五、六年はかかるでしょう」

では、ハイドンやモーツアルトは、フリーメーソンじゃなかったんですか、教会でも演奏されるじゃないですか？　教会を建てた石工さんたちにもフリーメーソン（石工組合を思わせる定規とコンパスがシンボルマーク）はいたでしょう、というような応答はしなかった。

ロータリーやライオンズ・クラブの創立者もフリーメーソンだったというから、私は、このフリーメーソンとかを、それほど特別なものとは思っていない。フリーメーソンの起源には諸説あって、一三世紀と言う人も一八世紀と言う人もいるが、基本的に自由、平等、友愛、寛容、人道をモットーとしている半秘密結社だそうだから、別に特別隠し立てすることもない。一八五三年に日本に軍艦を率いて浦賀沖に現れ開国を迫ったペリーも、この前の戦争の時原子爆弾を開発させたルーズベルトやトルーマンの両米大統領も、近代オリンピック提唱者クーベルタンもフリーメーソンだった。いろんな人がいるのだ。ボーイスカウトもフリーメーソンから派生しているという。

だから、どうしたの……私はこんなことで長い議論はしたくなかった。本質に関係のないことだ。リヒアルト・クーデンホーフ＝カレルギーがフリーメーソンに入ったのは、その力を借りて、パンヨーロパ運動を広めたかったからだと言う。彼に共鳴して友愛運動を起こした鳩山一郎も入会している。フリーメーソンは別に犯罪者の集まりではないし、その内容は今ではほとんど知られている。秘密と言えるほどのものはほとんど残っていないのではないだろうか。

それから、ハンガリー。この国も一筋縄ではいかない。国と言うものは、大体そういうものだ。異なった時代にある国が、同じ時代に存在する現在、共通のスタイルを見つけるのは難しい。通りの名前も、ラーコーツィ、ペトフィー、アンドラッシー、セチェーニーといったハンガリーの偉人ばかりだから、そろそろ外国の名前の庭園があってもいいと思ったが、私もハンガリーのナショナリズムを全く知らないわけではない。ナショナリズムの様な薬のない病気は治療のしようがないから、いつか治るのを待つしかない。

「そうですか、じゃ、この名前はやめましょう」

禅もありません。リヒアルト・クーデンホーフ＝カレルギーの名も使いません。どうか、作業班がくるまで、これ以上、変なことを言う人が現れませんように。

私の自慢の作庭エリート部隊

七月五日、名古屋から五人、東京から三人がウィーンに到着。今回は、ルフトハンザの協力で、石灯籠の重量をただにしてもらった。三つにばらして丁寧に梱包された石灯篭も一緒に着いた。名古屋組の野村さん、板倉さん、梅村さん、櫻井君、市川君はもう同窓会みたいなものだ。もうすぐ内田さんになるはずの久我さん、目下国立音大に通う農大卒の細野達哉君、初めて参加のやはり農大の造園学科の牛島博臣君など、まずは、みんなをメードリングの宿に案内した。牛島君以外は二回目の懐かしいペンション・モニカ、外から見ると普通のメードリングの家だが、中に入るとやたらに色々な絵がかかっていて、中には勘弁してほしい絵もある。でも、掃除の行き届いた家庭的なペンションだ。

用意万端、明日の採石がうまくゆけば、いよいよショプロンだ。


翌日、曇り空を七時半に採石場へ出発した。

また来てしまったな。なんだか、上から石が落ちてくるみたいだ。底の方には吸い込まれそうだ。切られて、気持ちが収まっていない石の興奮が圧力となって体を押す。野村さんがテノールを響かせて石を選び出すと、担当が素早く石に近付いて番号を書く。こういう時、私はひたすら皆を尊敬して見ている。ここで選ぶしかないという開き直ったものと、きっといい石が見つかるのだという「聖なる楽観」の間で、緊張しながら、どうか誰も怪我をしないでください、雨になりませんように、と祈る。祈っている人は役に立たないから、車で最寄りのスーパーへ食べ物を探しに行く。

サンドイッチと水を買ってきて、

「皆さん、お昼にしましょうか?」

景石は揃ったようだ。午後から搬出の手配をすればいい。みんなで岩に腰かけたり、地面に座ったりしながら昼食。この分なら、明日から全員ショプロンで始められそうだ。板倉さんは現場をみて、測量と造成をしなければと考えているらしい。今回始めのうち自分の車で協力してくれている夫に、

「何人かショプロンへ連れてってくれる?」

彼は、野村さんなど先発隊を乗せてショプロンへ出発した。四五分くらいで着くはずだ。

残り部隊は敷石、縁石などの採石作業を続けたが、間もなく雨になった。その雨がかなりの速度で雨量を増し、豪雨になった。

誰がどこにいるのか全然見えなくなる。車の運転席で、ワイパーの速度を上げても意味なし、何も見えない。下の方の窪みに水が溜まっておぼれる人がいないか。土地台帳もフリーメーソンもどうでもいい。どうか、みんな無事でいて下さい。

そのうち雨がやんだ。嘘のように、雨雲も消えた。

まず体格のいい久我さん、牛島君、細野君の姿が見えた。生きている。

採石場の真ん中は池になっていた。それから、野村さんが選んで行った景石の搬出を繰り返し、敷石を選び、その搬出の段取りをする。そして、作業班全員の私物を乗せてショプロンへ移動となった。ショプロンでは、野村さん、板倉さん、

市川君が現場で、こちらも雨の中を、測量や杭打ちなどに精を出していた。景石はみんな届いた。予想していた通り、国境も問題なし。ＥＵにありがとう。

オーストリアの石を積んだオーストリア・ナンバーのトラックがショプロンの街中を走っても警察に咎められないように、ギメシさんに届けてもらっていた。

その晩から、ショプロンのペンション「狩猟ラッパ」で共同生活開始。

初日に市の人が持ってきたハンガリーの旗を全員に配った。多めにあったので、私は旗を被り首に巻いて、ハンガリーを感じた。初日に国旗を持ってこられたのは初めてである。私にとって旗は布である。時々何かを感じる布がないといったら、嘘になるけれど。そういう場合は、思い出につながっている。

雨のち晴れ

七月七日、曇りのち雨で天の川は見えないだろう。

早朝、採石班は再びウィーンの森へ出発。石の搬入はメードリングの輸送会社に依頼して、夕刻には全員が現場につめることになった。ベートーヴェンさんとしばしのわかれ。

リストさんこんにちわ。九歳のリストがデヴュしたショプロンにはリスト文化センターがあり、リストが演奏したバロックの宮殿も残っている。有名な手袋の話。リストが落とした手袋を女性が取り合って、バラバラにしてしまったのは、このショプロンの宮殿だ。

翌日も雨がちの天気で、皆に無理してもらうことになる。

雨男はだれだ。行いの悪いのはだれだ。

にもかかわらず、この日景石を全部据えてしまった。

クレーン車を操るメードリングのハリーさんは、もうインサイダーのようなしたり顔。しばらくすると、雨。グシュタードでは靴が泥でミッキーマウスの靴みたいになった。びしょびしょの地下足袋のドロドロに水をかけてドロ落とし。ペンションは、極力汚さないで滞在させてもらおう。

七月九日も同じような天気でみんなに苦労させたが、仕事の後で、パンヨーロッパ・ピクニックのあった国境へ見学に行った。翌日も雨、この条件で出来ることをする。みんなドロドロ。一一日になると、珍しく晴れ間も見えて、気持ちも晴れる。板倉さんが、セメントやその他の必要な材料の確認。こういうことの得意でない私は、板倉さんが頼みである。だが、砂利敷き用ベースモルタルを手で混ぜるつもりでいて、目をむかれてしまった。

「この町にミキサー車みたいなものないの？」

ミキサー車を注文してモルタルが来た時に、

「まったく、これを手でやらせるつもりだったんだよ」

「すみません」

悪意でなくて、ボンヤリしているだけなのだけど。

七月一二日は、日曜日、初めてのお休みで、ブダペストへ遠足。ゲーレルトの丘からドナウの女王を見る。街中で昼食。英雄広場、マチャーシ教会、漁夫の砦、最後に糸見さんのお宅からパノラマを見せていただいた。

次の週は毎日晴れだった。今迄の苦労のごほうびだ。テラス敷石、飛び石、縁石、モルタルうち、砂利敷き、そして真ん中の緑の島にフッキ草を植える。

石の中のシンデレラ

小石がたりなくなると、野村さんも全体の造形でそれどころではないので、私が近くの石屋さんへ探しに行った。砂利よりも少し大粒の石なのだが、色々な石のまざったところへ連れて行かれて、自分で選べと言われて、気絶しそうになった。

シンデレラ姫の豆選びを思い出す。鳩が助けてくれに来てくれるわけでもない。

「すみません。だれかこういうことを手伝ってくれる人いませんか？」

石屋さんは何人かに電話して、二人のシルバーのアルバイトを見つけてくれた。

こちらから若者を連れて行ったかどうか忘れたが、かんかん照りの昼下がり、

「いい豆は鍋へ、悪い豆は喉へ（鳩が食べちゃう）」グリムのシンデレラ（灰被り姫）がかまどの側で苦労している時のせりふを繰り返し、まあこれで、石庭作りも最後だから、がんばらなくちゃ。今までの若者砂漠の苦労が年取ったシンデレラに回ってきた。石庭エリート部隊は文句が出ないところがいいところだ。

私も、日本人の美徳（忍耐）を代表して砂利選び。もう一度これをやれるかどうか、寄る年波には勝てないと思うが、この体験、一度は悪いものではなかったと思う。子供の頃、いつも、夏に外で働いている人は大変だと思った。今六〇過ぎてその「大変」を自分で体験することができたのだ。

晴れた日が続いて、仕事も進むと、夕刻も楽しくなる。

夕食は現金支給なので、晩に「狩猟ラッパ」に座っているのは板倉さんと私くらいで、皆町へ出かける。最後は板倉さんも買い物に行って、自分で食事を工夫しているみたいで、私が一人で、この家の美味にあやかった。皆、ピロシカ（オーストリア映画の恋物語に出てくるハンガリーのかわいい少女）をながめながら、ビール

を飲んでいるかな?

「楽しんで、無事に帰って来てね。大使館の世話になるようなことのないように」

ウィーンから中根大使夫妻と倉井公使夫妻が陣中見舞いにこられた。みなさんを、この日の「狩猟ラッパ」テラスでのささやかな昼食にご招待。中根大使は愛知県の豊田市ご出身。わがエリート作庭部隊も愛知県人が柱になっている。だから、野村さんとはもともとご縁があったのだ。一度、ウィーンでお食事に招かれたことがあった。その時、野村さんが食べながら眠ってしまったので、大使の前でこれじゃ、もう私たちにお会いになることもないだろうと、がっかりしていたが、みなさんでショプロンまでおいで下さったので、嬉しかった。大使夫人と公使夫人からおにぎりやお稲荷さんの差し入れをいただき、みんな懐かしい味にありつけた。

工事を始めた時は、周りの人がうさん臭そうに通り過ぎたが、次第に慣れてきて、自家製のリンゴジュースを持ってきてくれたり、スイカの差し入れがあったりで、次第に打ち解けた。実は私、前もって二週間ハンガリー語の速成コースを取ったのだが、現場では役に立たたず、見学者とは話ができなかった。少しドイツ語を話す人がきて、話していると次第にドイツ語の単語が浮かんできたようなので、本当はドイツ語を話すのかと聞くと、実は子供の頃ドイツ語しか話せなかったのだが、ショプロンがハンガリーになって、ドイツ語が禁じられたので、忘れてしまったといった。

今　東海の空明けて……

また不思議な人がいた。
ペンションの近くに住んでいるとかいう品のいい老婦人だったが、工事を見に来て、私たちをつかまえて、突然歌い出した。それがもしかしたらどこかで聞いたことがあるかもしれないという、日本語の歌だった。

「見よ　東海の空明けて
旭日高く輝けば
天地の正気　はつらつと
希望はおどる大八州（おおやしま）……」

これを日本語で歌い出したのである。

「えっ、これ……」

「愛国行進曲じゃないの」と野村さん。彼は私より若いのに博学だ。

「そういうんですか……」

後で調べると、一九三七年に国民精神総動員のために一般に大募集して選ばれた歌詞に軍艦マーチの作曲家、瀬戸口藤吉が曲を付けたものだという。歌詞の審査員の顔ぶれをみると、あらまあ、と思わせるくらいに、みなさん国策に協力していたんだなあと驚かされる。良心とどう折り合わせをつけているのだろう。ドイツならみんな非ナチ化裁判にかかっているはずだ。

「どうしてこの歌を知ってるんですか？」

「弟が教えてくれました」

「弟さんは日本へ行ったことがあるのですか？」

「いいえそんなことはないです」

「この歌の意味はわかりますか？」

「しりません」

このことを追求している暇がなかったことは残念だ。

弟さんは、三国同盟に関わり合いのある場所にいたのだろうか。ハンガリーでは、スターリンを恐れて、ＳＳの部隊と一緒に戦っていた人もいた。

この年配の女性のことはずっと気にかかっている。

晴れた日が続き、石庭完成の目途もつくと、工事開始後初めてみんなで無事を喜び合う心の余裕を感じた。上から石が落ちてくるような採石場、豪雨、そして、雨、雨、雨、だれも怪我しなくて、なんとありがたいことだろう。もう少しだ。

気持ちも楽になったので、仕事の後、交代に今は平和な国境を越えて、ノイジードル湖沿いの町ルストにコウノトリを見に行った。家々の屋根の上にコウノトリが巣を作っている。カタカカタカタカタ長いくちばしを鳴らす音が聞こえる。ゆっくりと飛んでいるのも、釣り人の近くで、釣れた魚を狙っているのもいる。

毎回二、三人車に乗せて私は何回もルストへ行ったが、この町はまさに、メルヒェンだった。もうすぐ結婚することになっている久我さんは、こんなところにお嫁さんを連れてきてやりたいと言っていた。彼はその後に結婚して内田さんになった。下関の彦島造園のお婿さんである。馬関戦争（一八六四）の時に、英米の軍艦から砲撃を受けたあの彦島である。

七月一五日に、参加予定だったが、大学で試験があるとかで来れなかった岩井勇樹君が到着した。余りすることもなかったが、板倉さんに植栽を習っていた。彼は細野君、牛島君、内田さんなど農大同窓生の部屋に泊めてもらった。翌日、彼のお父さんも現れたのでびっくりした。オーストリアについでがあったのかもしれない。

ひまわりの似合う日

七月一六日、庭は完成した。

一七日に、らせん状に砂利をひいて、お終い。

副市長さんを招いて芝の種まき。これは終わりのセレモニーだった。

その晩は、副市長やギメシさん夫妻、またよく現場を見に来ていたドイツ語の先生キリッシュ夫妻も招き、プラハから車でショプロンまできてくれた友人の浜田夫妻（浜田さんは当時プラハ鹿島の方で、ミツコの城の状態を一緒に見に行って下さった）も一緒に、お別れ会をした。偶然この日は私の誕生日、六七歳になった。チームのみんなに花束を贈られていると、一度ミュンヘンへ帰って、ショプロンへ戻って来た夫がひまわりの花を持って入ってきた。ひまわりの似合う日だった。

七月一八日、ショプロンを発ってウィーンへ。

この日は自由。それぞれのウィーンを楽しんで日本へ帰ってもらうことにした。野村さんと勉強に出かけて、工事より強行軍をしてきた人もいただろう。夕刻、私たちだけのお別れ会をした。ウィーンで愛知部隊と食事をするのは、一九九九年、カールスバードからの帰りに寄った時以来である。元気な中原さんはもうこの世にはいないけれど、どこか上の方で私たちを見ていてくれただろう。。

あの時の全体の抑揚した感じの代わりに、今は、少し疲労の色を帯びたある種の満足感が漂っている。最後の二つの庭は、私が独り歩きしてできたものだけれど、ここまで経験を与え、育てて下さったのは、堀田さんを始め愛知県の造園業界、そして三河の中原さんの大きさだったのだ。野村さんを見る。板倉さんを見る。市川君を見る。信頼し、共に成長した。その技術でみんなを安心させた梅村さん、その個性でチームにアクセントを与えた櫻井君、後から参加してきて、ボヘミア会（と言うのが出来た）の一員になった善き人の久我（内田）さん、三味線で不可欠の存在となった細野（中島）君、このチームの大切な構成要素になった農大組、ショプロンでは栗原君でメードリングは牛島君、「同窓会」にはまだまだ愛知班がいる。奥村君、高瀬君、岩田君、経験組の鈴木さんと野田さん、それから、増田君、川島君、石川君、鈴木敏明君、中原章文君、三河と尾張にこんなにたくさんの友達が出来るとは思わなかった。これが、出逢いというものなのだ。皆、それぞれのやり方でよく働いてくれた。

何も知らない、名もお金もない人間にこれすべてのことを可能にしたのは、幸せな出逢いと、善意と、「聖なる楽観」のお陰だと思っている。

紫おおう武蔵野の……

ショプロンの作庭の基本的な費用は、ロンスペルグ城再建推進委員会が負担した。実はこれも、もとはと言えば、ミツコの城修復のために愛知県の成田照導・静香夫妻が寄付して下さったお金だった。城再建が袋小路に入って、法的プロセスを経て石庭作庭に当てられたものであった。ロンスペルグ城再建推進協会の総会では、予算計上の際に、日本から専門家を連れてくる旅費がかさむので、ドイツの失業庭師を使えと主張した人がいた。

そういう人たちでは、短い間に本質にかなった仕事はしてもらえないだろうということの説明をすることは至難の業だった。日本の庭師でも誰でも連れてこられるというものではない。石庭のテーマを理解する有能な設計家と、企画者の意図を理解してチームを組んできた専門技術者でなければ、この条件でよい石庭を造ることはできないのだと、私も食い下がった。

日本庭園、石庭などをまったく知らない人を納得させなければならない。おそらく、ちゃんと理解してはもらえなかっただろう。他の会員が、自分たちには日本の文化は十分に分からないので、日本人である会員を信用しようと、ドイツの失業庭師雇い入れを主張する人を納得させて、予算が通過したのである。

しかし、このような企画には、公益団体が認めない出費がある。典型的なものは、現地の協力者の「気持ち」である。貧しい国、民主主義の新入生のような国では、とくにこの部分は神経を十分に使わねばならない。

定収入のない私には、そういうことに使える十分なお金も、この仕事からの収入もない。これは有志活動であるといっても、相手は、私が無給でやっているとはまず思わないし、私もタダでやっているんだから、貴方もタダでやってくださいとは言えないものである。なんとなく説明しがたい、場違いな雰囲気に落ち込むことがある。

それを補ってくれたものは、小学校の同級生の逆瀬川素行君（この年になったら「さん」といわなければならないが）と友人達の寄付であった。このお陰で極端な倹約を迫られることもなく、誰かが払わなければならない場面で、もじもじする必要もなかったのだ。これは、本当にありがたいことであった。

それで私は、ウィーンの最後の晩の楽しい食事の後で、皆からお金を集めるような辛いこともしないですんだのである。寄付者の方々への感謝の気持ちはいつまでも変わることがないであろう。外国に出たので途切れていて再会した六〇年前の同級生の、子供の時と同じような気持ちもありがたかった。私にはこんな財産があったのだ。

遠くに来て、まさか、小学校の同級生が私を探してくれるだろうとは思わなかった。今は小金井に移転してしまったが、学芸大学附属豊島小学校というのはそんな学校だった。

「紫おおうる武蔵野の豊島の園のなでしこは、……」

戦後の池袋の闇市の近くに焼け残ったあの辺で唯一の鉄筋コンクリートの学校で、戦争から生還した先生たちが、私たちに、新しい国の人間としての土台を築いてくれたのだ。私は先生に恵まれていた。先生たちは教育に打ち込むことで、戦争と言う悪夢から解放しようとしていたのかもしれない。近くの巣鴨には戦犯と言われる人達が拘留されていた。

七月一九日、作庭チームの名古屋組は一一時に、東京組は一四時にウィーンを発って行った。怪我人も病人もでず、かけておいた保険の世話にもならず、元気で、各々の体験を胸に。

「みんな元気で活躍してね」

五番目の庭が完成して、私の作庭活動はお終いになったと思った。いい終わりだと思った。

神様の時刻表

翌月の八月一九日、欧州解放二〇周年記念式典の日、わが「石庭、パンヨーロッパ協会の除幕式も行われた。何かにつけて倹約したがる組織も、設計者である野村さんを招くことを許可してくれたし、元々の寄付者であった成田夫妻もおいで下さった。ドイツから何人かの友人、メードリングのマッツナー夫妻、ウィーンの友人、ブダペストからの日本の大使夫妻、国際パンヨーロッパ協会常任理事のヴァルブルガ・ダグラス博士（オットー大公の末の娘さん）、ショプロン市からは副市長などの参加を見て、石庭はショプロン市に委ねられた。

この日たくさんの通訳をしなければならなかったギメシさんは、時々私を見て笑った。私も彼女に笑い返した。

コミタート（県）の司教は、忙しかったのだろう。便りのないのは良い便り。式典で第九の合唱に参加する日本の方たちがリハーサルの後で石庭に寄って、日本の歌を歌ってくれた。ところが、この人たち、このときは何のために歌わされているのか、誰も説明してくれなかったと後で話していたから、ここで私が感激して泣いたりしたら、この人は何で泣いているのかと思ったことだろう。

いきさつはともかく、ショプロンに二〇〇二年以来日本に姉妹都市がある。秋田県の市鹿角《かづの》市で、郊外の大湯の環状列石が有名なところだ。なぜ、この姉妹都市関係が成立したかは今でもわからないのだが、八月一九日には、鹿角の市長さんも見えていた。石庭の除幕式においでになったので挨拶して、貴市の交流にもお役に立てばいいと思いますと言ったが、ほとんど反応もなく、知らない間にいなくなっていた。

この日、少し控えめに正装をして立っていたのは、アイゼンシュタットのワイン騎士会の方、三人だった。除幕式に花を添えてくれたのだ。

除幕式の後で、アイゼンシュタットのエスターハージーの宮殿へコンサートを聞きに行った。大理石のリストが宮殿を見ながら夏の日に輝いている。白い鬘をかぶったハイドンには会えなかったが、ハイドンが歩いた廊下を、その足跡を辿る気持ちで、宮殿の中の素晴らしいバロックのホールへ行った。ここで、ハイドンとサリエリの演奏……想像するだけでも楽しかった。サリエリは、映画「アマデウス」ですっかり誤解されてしまったが、モーツアルトの息子も、リストもベートーヴェンも、フンメルも学んだ優秀な音楽教育家だったのだ。

ショプロンに戻ってしばらくすると、国境の村フェルトラーコシュにある巨大な洞窟で、欧州解放二〇周年の祝典が始まった。欧州中のＶＩＰが見えているので、ＳＰがたくさん詰めている。ここで初めて、ドイツ連邦共和国の首相のメルケルさんに会えた。このような政治家のいる国はなんと幸せなことか。彼女、生れはハンブルグだが、旧東独で育ったので、自由なヨーロッパを評価する気持もひとしおだろう。物理学博士で、とても頭のいい人だ。ドイツのように男が強かった国が、女性に導かれているのは周りの国を安心させると思う。どうでもいいことだが、彼女と私は誕生日が同じだ。彼女は一回り下の馬。なんとなく嬉しいのは……つまり、私は彼女のファンだからだ。

ちなみに、祝典の行われたフェルトラーコシュもロンスペルグみたいな所で、ドイツ語では、クロイスバッハという。第一次大戦後、一九二一年に住民投票で九〇％は、オーストリアへ着きたいと投票したが、ショプロンと一緒にハンガリーに編入されたという。

「欧州の歌」、第九の第四楽章が響いた。

日本人の指揮者は、私が今まで聞いたどの演奏よりテンポが遅かった。

私は、ベートーヴェンさんがどう思っているか気になったが、彼の姿は見えず、洞窟の入り口を出ていく一つ背中の影が、あのカールスバードの石庭の脇に立っている人の後姿によく似ていた。だが私はその人を見たわけではない。大気が石になるように、心が人と影を作ったのだ。

ベートーヴェンは、いつもどこかにいる。

彼は、ボヘミアからブルゲンランド、そしてハンガリーまで、石立僧と共に旅してくれたのだ。カールスバード、メードリング、ショプロンは旧オーストリア・ハンガリーだ。

フルトイムヴァルトとグシュタードを入れると、スイス連邦の独立以前は、神聖ローマ帝国だった。現在、スイス以外は、ＥＵである。ゲーテの「マモートを連れた少年」に曲を付けたベートーヴェンは、地リスに芸を仕込んで食いつなぐ貧しい旅芸人の少年を描く時のゲーテとは仲良くできただろうから、国境のない欧州にも賛成に違いない。

第九の第四楽章は、本当に「欧州の歌」に相応しい。

私たちは、シュトラウビングで渡ったドナウ河をブダペストまで辿った。一つの河の河岸に住んでも、言葉も顔も違う人たちがいる。これを人は異民族と言う。みんな、それぞれの形で歴史とかかわってきた。だが、その異なった人々も川の流れのように、目に見えない線で切り離すことはできない。

ベートーヴェンの音楽も、彼が生まれた国がどのような歴史を辿ろうとも、そのような定めから解放された世界に響く。そしてそれは、誰にでもわかる言葉なのだ。私の石庭に第九が響くとき、浄土を作るために「石の顔」を見つけた時の石立て僧の喜びを見る思いがする。


翌年の八月、愛知から成田夫妻がお出でになったので、ハンガリー・オーストリア、ドイツの旅のお供をした。メードリングとショプロンの庭はご夫妻のご好意で誕生したものだ。ブダペスト、ショプロン、ウィーン、ザルツブルグ、ミュンヘンと七〇〇キロ……、ミュンヘンのイギリス公園で夏の昼下がりを楽しんだ。

翌日、ご一家をミュンヘン空港に送り、帰宅する車の中で、夫が私に言った。

「明日から入院だよ」

写真 5-1：ペンション前で配布されたハンガリー国旗を持つ石庭作業スタッフ

写真 5-2：ウイーンの森の採石場

写真 5-3：景石を組む

写真 5-4：一応の配石を終えてほっとするスタッフ

「この前の生体組織診断（バイオプシー）の結果がよくなかったの」
「悪性だそうだ」
「癌と言うこと？」
「そうだ」

日本からのお客様との旅が終わるまで黙って段取りをつけておいた二女（医者）の言うとおりに、考える暇もなく、乳癌の手術。術後の治療もすべて彼女の言うことに従った。

神様の時刻表の完璧さに脱帽。なんとありがたいことだろう。

生きることが終わるときも、こんなにきちんと行ってくれると都合がいいのに。だが、終わりというのは、物事が終わりという仮面をつけているだけなのだ。

「ベートーヴェンさん、そうではありませんか。貴方なんか、何回その仮面をかぶったことでしょうね」

ベートーヴェンが「ハイリゲンシュタットの遺書」（一八〇二）を書いたハイリゲンシュタットは、メードリングの反対側の高台にある。

ベートーヴェンは、この遺書を書いてからまだ二五年生きたのだ。私は、三人の娘と、彼のウィーンの足跡を巡ったことがあった。三歳の末っ子のバギーを押して、ハイリゲンシュタットを歩きまわり、閉まる寸前のベートーヴェンの家に入れてもらい、親切にも長女にピアノを弾かせてもらったことがあった。

《第6章》ヴァーレンの鶴（ドイツ　二〇一三）
（旧東ドイツ　メッケレンブルグ・フォーポメルン）

ロストックの出逢い

現在（二〇一五年一月）、ベルリンで駐独大使であられる中根大使ご夫妻との出逢いを、私は神様の贈り物と呼んでいる。ウィーンの失敗談ではじまったのだが、ショプロンの工事場を見に来て下さってから、庭造りに並行していた舘野泉さんの左手のコンサートの企画でも助けていただいた。こちらの方は、「左手の演奏」を通して、人々に伝えたい何かがあったのだ。

それは、国境の克服ではなく、障害（不幸）の克服であった。

その中根大使がお仕事でミュンヘンに見えた時に、「野村さんに日本庭園の話をしてもらえませんか」と言われ、ミュンヘンとベルリンとロストックで、野村勘治庭園講演会が実現した。そして、二〇一二年のロストックでのことである。講演後、和やかな雰囲気の会場に展示されていた盆栽を見て、廊下に出くると、ロストックの独日協会の会長さんが、野村さんと話したい人がいると言う。

見ると、地味な男性が控えめに立っていた。そして、彼の町は日本に姉妹都市があって、日本庭園を造ろうという話が出ているのだが、設計は日本で、工事はドイツで、というその工費がとてつもなく高くて、困っているというのである。

そして、手にしていた設計図を見せた。

「これを造るんですか？」

野村さんと私は顔を見合わせた。なんでもありなのだ。

こちらにない植栽も入っている。

「これ、誰が管理するんですか？　こんな木は育ちませんよ、こちらでは」

おまけに、工費もとても旧東独の人口二万人の都市が予算を組めるような額ではない。

「こんな高いものを造るんですか？」

「それが、我々にはそんなお金はないのです」

この人は、ルュッデ博士と言うエンジニアで、メッケレンブルグ・フォーポメルン州の湖水地帯、ミューリッツ湖畔の町ヴァーレン市の建設課課長であった。

「それで、日本の姉妹都市と言うのは、どこなんですか？」

「六ヶ所村です」

「えっ?、ろ……………かしょですか?」

下北半島の恐山の反対側の六つの村、漁業は後退して、イメージは核燃料処理工場、濃縮ウラン工場、放射線廃棄物埋設センターなど……

「こんな庭、無理ですよ。造らない方がいいです。ごめんなさい。でも、こんなのを作っても、数年で荒廃して、お金を無駄に使ったと思うようになりますよ」

後で聞いたことだが、ルュッデ博士は、私たちの反応を繊細にキャッチしていた。

困った顔で、それ以上何も言わずに、去ろうとしている私たちに、

「でも、一度ヴァーレンへ来てください」と、小さな声で言った。

帰りの車の中で、どこの町なのかとか、誰がお金を払うつもりなのかとか……

少し話題になったが、大使は、「村木さん、無理しない方がいいですよ」と言われた。

私も、庭作りはもうお終いにしたので、この話はそのままにしておいた。

しかし、真面目そうなリュッデ博士の困った顔は気になった。

「ほっといたら、可哀想じゃないかしら」

メッケレンブルグ・フォーポメルン

しばらくして、ベルリンへ行くことがあったので、リュッデ博士にメイルを送り、その後お元気ですか……日本庭園の件では、お力になれずにすみません。あれはやめた方がいいですよ……というようなことを書いた。すると、彼から、ヴァーレンはいい町だから一度見に来てください、本当に日本庭園はできないと思いますか……貴女がカールスバードに作ったような石庭がいいと思います……と言う返事が来た。

では、ベルリンからミュンヘンへ戻るフライトの変更料六〇ユーロをお持ちいただけますか、と書いた。

「もちろん、それはお払いしますから、お出でください。空港まで迎えに行きます」

それで、私は初めて旧東独の方とメッケレンブルグ・フォーポメルンへ行くことになったのである。ベルリンのテーゲル空港から二時間弱かかった。ヴァーレン、町の名はスラヴ語の「カラスのいる所」か、ゲルマン人のヴァルネン族の町

写真 6-1：いくつもの湖のあるきれいな街ヴァーレン

のどちらかから来ているという。一三世紀には北の海の方への商業路として栄え、いくつかの戦争と、三〇年戦争でかなり破壊された。近くでナポレオンとプロイセンの戦いがあった。船のスクリュー工場などもあるが、この前の戦争の後では塩泉の出る保養地として発展しているという。

旧市街はとてもかわいらしい。メッケレンブルグのスイスと呼ばれる湖水地帯にある。

ルュッデ博士は町を案内してくれて、もし日本庭園を造るとしたら、塩泉の出るサナトリウムの庭か、ティーフヴァーレン湖に突き出た半島だと言った。まだ石庭を作るとか、考えてはいなかったが、初めての景色に感動して、なんでも見せてもらった。旧東独を知りたいという気持ちもあったのだろう。

半島を町から借りて、身障者と非身障者が一緒に働く園芸や木工場やホテルを経営しているシュレーダーさんを紹介してくれた。彼は、国立公園の中にハイキングの人が休むレストランや、身障者の陶芸工房を経営しているという。半島には、よく手入れされたバロックの庭とビオトープがあって、「ここに日本庭園が出来れば、もっと映えるでしょう」という。

庭の手入れをしている障害者が、親しげに「こんにちは」。

レストランでは、軽い障害のあるウエイトレスが明るく仕事をしていた。

シュレーダーさんの「レーベンスヒルフスヴェルク（生きるお手伝いの製作所）」には、三〇〇人の障害者と一〇〇人の非障害者が働いているという。

あの女性の明るい様子を見なかったら、私はそのままミュンヘンへ帰り、お礼の手紙を書いて済ませただろう。

もう終わりだと思ったのに

間もなく、リュッデ博士からメイルが入り、カールスバードの石庭はいくらかかったのかと質問が来た。正確には分からないので、日本できいた額を言った。次にきたメイルは、「日本からもらった設計図の庭園の二〇分の一の額なので、あのようなものが作れないかと思っている」というのである。

一種の社会活動として作っている私たちの石庭は、ビジネスではないので、実費しかかからない。安いのは当然なのだ。造園業界にとっては、一種の営業妨害の様なものだ。

「問題が二つあります。まず、野村さんと土地を見に行き、石も見せて頂かなければ判断できません。それから、六ヶ所村が作った設計図を拒否して、自分たちが石庭を作ったら、六ヶ所の設計家を傷つけるし、これを提出した村役場の顔もつぶすでしょう。私が自分の利益のために、仕事を横取りしたと思われるでしょう。そんなことはしたくありません」

「それでは野村さんの旅費を出しますから、見に来てもらってください」

「野村さんがいいと言っても、六ヶ所を怒らせたくありません。六ヶ所のことは並行して解決しなければならないと思います」

その頃私は偶然、小樽郊外の忍路遺跡という環状列石と、青森の三内丸山遺跡を見に行く計画を立てていたのだ。六ヶ所と言うと遠い所だし、先進工業国の犠性を背負わされているというイメージがあって、こういうことでもなければ、連絡することもなかっただろう。鉄道も通ってないし、青森からでも、八戸《はちのへ》からでも、決して近い所ではない。

戊辰戦争後に移住してきた人か、樺太を追われた人も住んでいる土地とか読んだこともある。なぜ、六ヶ所とヴァーレンが姉妹都市になったのか、ヴァーレンでもよく分かっていないみたいだ。前市長（故）のしたことで、あいまいである。ベルリンの壁が崩壊して、資本主義社会での経験がなかったこともあるだろう。しかし、今は既成事実を前向きに考えて、日本とドイツの交流と言う次元で進めたいようである。

ショプロンと鹿角もよくわからない姉妹都市だった。姉妹都市関係も、ミュンヘンと札幌のようにオリンピックでつながるとか、草津とカールスバードのようにベルツが縁でとか、はっきりしたものもあるし、そうでないものもある。個人的事情とか、偶然の成り行きもあるのだろう。

とにかく、作庭に関しては、ちゃんと結論を出さなければいけない。六ヶ所に成り行きを説明して、先方が迷惑と思うようなら、この話はやめようと思った。丸山遺跡を見て、下北半島は無理だから六ヶ所の国際交流課の人が青森まで来てくれるという。そんなわけで、私は新青森駅で六ヶ所村の女性二人と、ドイツから来ているという実習生に会った。

「あなた達がこういうことをしてほしくないなら、やめます。私は、ドイツに長く住んでいるものとして、両国の交流の助けになればいいと思っているだけで、どなたかの怒りを買ったりしたら、意味がないのです。そんなことはしたくないのです」

ところが、相手の方々はみんな親切で、よろしくお願いしますという雰囲気になり、今後の進展を連絡し合うというところで、お別れした。

ミュンヘンに帰ると、

「ママ、ショプロンが最後じゃなかったの」

娘たちは、母親の健康のことを心配しているようだ。

とにかく、野村さんに来てもらい、二人で判断しようと思った。

下北半島

「ここは夏でも寒いのですよ」と、国際交流課の馬場さんが言った。

結局、私は野村さんと六ヶ所へ行ったのである。冬でなくてよかったと思わせる淋しい風景だった。村長も助役さんも、私たちがヴァーレンに庭を作ることに何の反対もなかった。

私たちは、ビジネスとしてするのでなく、今回は私も初めて日当も頂くけれど、実費だけでするので、ヴァーレンが考えている低い予算よりもっと少額で終わるだろうという話をした。しかし、私たちは日独交流のためにするので、決して青森県の業者から仕事を横取りするようなつもりはないし、今からでも遠慮することは出来る、とも言った。

まったく正直な気持ちだ。有志活動で五つの石庭を作り、すでに、老骨にムチになっている。

六ヶ所側は、「いいものを作ってもらえばいい、協力もする」ということで、私たちが石庭を作らない理由がなくなったのである。

なぜ、ヴァーレンと姉妹都市になったのかは、聞きそびれた。と言うか、多分、無意識に遠慮していたのだと思う。この気候だし、産業の中心からは離れているし、まあどちらかと言えば遠い所だから、どこかを犠牲にして発展する現代の社会の進み方に抗えなかったところに、六ヶ所の現状があるのかもしれない。

私はふと、アイヌ民族の歴史を考えた。南の方から来た武器と組織力に勝てなかったこの人達の宿命は、文明と言う名のもとに繁栄する人間の思い上がりの彼方に忘れられてゆく。

私は、その思い上がりから逃げたかった。しかし、不運な人たちのために何をしたか？　何もできなかった。できたことは、そのような人達のことを忘れないということだけである。私の祖先は帰化人だろうか。あるいは、アイヌだろうか。または、南方からいかだで流れ着いた漁師だったろうか？　多分そのすべてが混ざって、したたかに遺伝子を継いで生きて日本人になったに違いない。

日本の政府を国民が選んでいる以上、私も、私と同じように考える人と同じように無力である。少数派は多数の前にまったく力がない。大衆は、自分たちがどんなに怖い物であるか知らない。救えるものがあるか。あるに違いない。

私は、六ヶ所村を、村役場の親切な人と、映画「六ヶ所ラプソディ」でしか知らない。

何ができるか？

私は、ヴァーレンに石庭を作ることになるだろう。

そこで表現したいものは、根本的に今までと同じ、異質なもの（異民族、異文化、異なったイデオロギーや信仰）が平和に共存できるということである。みんなが住みたい場所である。

昔々、石立僧が作りたかった極楽とか浄土というものも、そうであったに違いない。

そして、もし、災害で移住を余儀なくされる人が生きる場所を探したら、助けて上げたい。私が生きていれば。それは、一人かも、二人かもしれない。

けれど、無ではないのだ。


下北半島は、学生の時にしばらくの間親しかった寺山修司を思い出させる。彼と奈奈美さんと三人で旅をした時に、恐山のイタコの話をしてくれた。

「寺山さん、今、私六ヶ所にいます」

野村さんは、馬場さんたちと昼食をするということで、私は、三沢から青い森鉄道で八戸へ、そして、盛岡、仙台、東京へ戻った。

「寺山さん　今は新幹線が走っているんですよ」

マッチ擦る　つかの間の海に霧深し　………

スカンジナヴィアから流れてきた石

私が、これが最後と言うと、誰も信じてくれない。

結局、もう一度石庭を作ることになった。今回は、シュレーダーさんの組織が会計をしてくださるということで、家計簿をつける必要はない。作業班の健康と創造的なことだけに集中できる。シュレーダーさんの所で働いている障害者と毎日会えるのだ。宿舎も彼の経営する湖畔のホテルで、毎日色々な鳥が飛んでくるし、アヒルの一族も住んでいる。

編隊飛行のカモも飛んでくる。色々な花が咲いている。国立公園の森の家の側には鶴がたくさん来るところがある。石庭は、湖と対岸のバロック教会の塔のある旧市街のシルエットを背景にして出来るはずだ。バロックの庭に石庭を作ったことがあった。今度は、バロックの教会の塔と意志を通じ合わねばならない。控えめに教会の塔に話しかけようとする石灯籠が、その役を引き受けてくれるだろう。

この石庭の企画前奏曲は十二音階だったかもしれない。だが、庭ができた後の

写真 6-2：スカンジナヴィアから流れ着いた石

世話をしてくれるダウン症の人達のことを考えると、明るい全音で考えることができる。この人たちは毎日の庭の世話を、真面目に、楽しくやってくれるだろう。

野村さんに石を見せた。氷河期にスカンジナヴァの方からごろごろ流れてきた石が山と積んである場所がある。そこへ、まるで自分で見つけたかのように大きな顔をして、野村さんを連れて行った。

「ホォオオオ……」

広い農地の所々に旧地

主の小城があるような風景がメッケレンブルグ・フォーポメルンで、毎年のように農地の下から上がってくる大きな石を農民が森の空き地に運んできて積んだのが、山のように置いてある。近くに採石場もある。

ボヘミアの森、フルトイムヴァルトの森、スイスの山間の石置場、ウィーンの森の採石場そして今、大きなヴァイキングの船が入り江に入ってくるように石が積んであるところにいる。野村さんと私は、ジブリのポルコ・ロッソ（くれないの豚）と年取った千尋みたいだ。あるいは、時間と空間を旅する弥次郎兵衛に喜多八だ。本物の石立僧の眼には、ヒートテックなんかを着た変な二人連れに見えるだろう。

「行けそうですねえ」

「まあ、こういうことになっちゃって……」

今回も師匠は、小僧が今回も我を張ることを知っている。

メッケレンブルグ・フォーポメルンを知らない人は、ビスマルク時代の北ドイツ風景を思い出していただくといい。明治維新後の日本とドイツの親交はビスマルクがきっかけを作った。岩倉使節団の「欧米回覧実記」がよく伝えている。広い農地に小さな森や城が点在する物静かで平らな、しかし底に力を秘めた風景である。

今回も、野村さんが優先権を持ってチームを編成した。全体の知的カラーと潜在的規律のために板倉さん（賢庭）、すっかり大人になったリーダーの市川君（現在市川造園の社長）、頼りになる善き人内田さん（彦島造園）、アートの櫻井君（櫻井造景舎）、吉田松陰生地萩市椿東生まれの廣兼基君（廣兼造園）、三味線で作庭にリズムを添える中島君（国分造園）、それに新人として小笠原寛さん（小笠原庭園）と、池山幸大君（池山造園）、六ヶ所村からの依頼で、青森の前田造園の工藤直大さんが参加したので、青森県から山口県までの技術者が揃った。

ドタバタ　フランクフルト

工事の成り行きは割愛しよう。

幾つか忘れられないことがある。

まずフランクフルトの空港。大きくて、乗り換えが大変なことは有名である。名古屋発と東京発とミュンヘン発がここで落ち合ってベルリンへ行き、ベルリン・テーゲル空港で待っているリュッデ博士とシュレーダーさんの車で先へ進むことになっていた。最後まで参加が決めにくかった市川君は便が違うので、少し早めに着くはずだ。定刻に着いた私は、まず市川君を見つけて、間もなく到着するはずのみんなを待ったのだが、来ない、現れない……、一人の姿もみえない。搭乗が終わろうとしている。

「すみません。日本から乗り継ぎの乗客が荷物もスルーで預けているはずです。名古屋便と東京便がついているなら、必ず来ますから待ってください」

だが、わが作庭チームは現れない。

「フランクフルト空港は大きいですから、急いでいるはずです。必ず来ます」

と頑張ったが、もう出発時間に近付いている。

搭乗口の係が、現れない乗客の荷物を降ろせと電話している。

「ちょっと、待ってください。荷物を降ろさないでください」

「もう待てません。降ろします」

「お願いです。降ろさないでください」

「この便はすでに定刻には出られなくなってるんです。荷物は降ろします」

「降ろさないでください。お願いです」

このとき、市川君が振り向いた。

背後に異様な人の気配。

すると、立っている。みんなが、雁首揃えて、どうしようもない顔をして立っていたのだ。

「何してんのよ。乗って！　乗って！」

搭乗券をひっちぎって、搭乗口の機械に当て、みんなの背中を押してブリッジに追い込み、最後に私が飛行機に飛び込んだ。機内の雰囲気は悪かった。我々のために、出発が遅れているのだ。現れない客の荷物をこれから降ろすからとか、アナウンスがあったのかもしれない。

「すみません。セキュリティ・チェックがすごーーく混んでたんです」

大声で叫んで、自分の席にドスン。なんと、幸先のいいこと。

当日のチェックインまで航空券の名前を見なかった小笠原君の名前が一文字ちがっていて、名古屋に置いてかれそうになったと騒いでいた事なんか、序の口だ。これできっと、すべてうまく行くだろう。

もう　柳の木の下には立たない

二〇一三年の春は特別寒かった。

ヴァーレンは緯度的には樺太である。それもそうだが、この年は、ドイツ全体が極端に寒かった。三月に板倉さんが長男の丈丸君を連れて、自費でメードリングとショプロンの庭の修理に来てくれた時なんか、大雪でフランククルトの空港が閉まってしまった。ウィーンで待つ私の目の前でドイツから来る便が次々にキャンセルされていく。夜中近くに、フランクフルトの板倉さんとやっと連絡がついた。彼らは空港の中で夜を明かすという。それも、眠られそうな場所の確保は並大抵ではなく、ドイツ初めての竹丸君がすばやく空港内を走る車の停まっているのを見つけ、その席に座って眠ったのだそうだ。

板倉父子は、翌日の夕刻になってやっと到着。

気の毒で、言うべき言葉も見つからない。

「明日、雨ならどうにかなるけれど、雪じゃだめだな」と板倉さん。

ところが、その翌日も雪だった。そしてちぎれるような寒さ。こっちも風邪ひいてコンコン咳をしている。

雪の中をメードリング市の緑地課の人も来てくれたが、とにかくこの天気ではどうにもならなかった。それでも、板倉さんは、可能なことをしてくれた。

それから、ショプロンへ行くと、また雪。

ショプロンでは三尊石の後ろに植えたシャクナゲがみんな盗まれてしまっていた。庭を持っている人はみんなシャクナゲを買いたいけれど、高いのだそうだ。

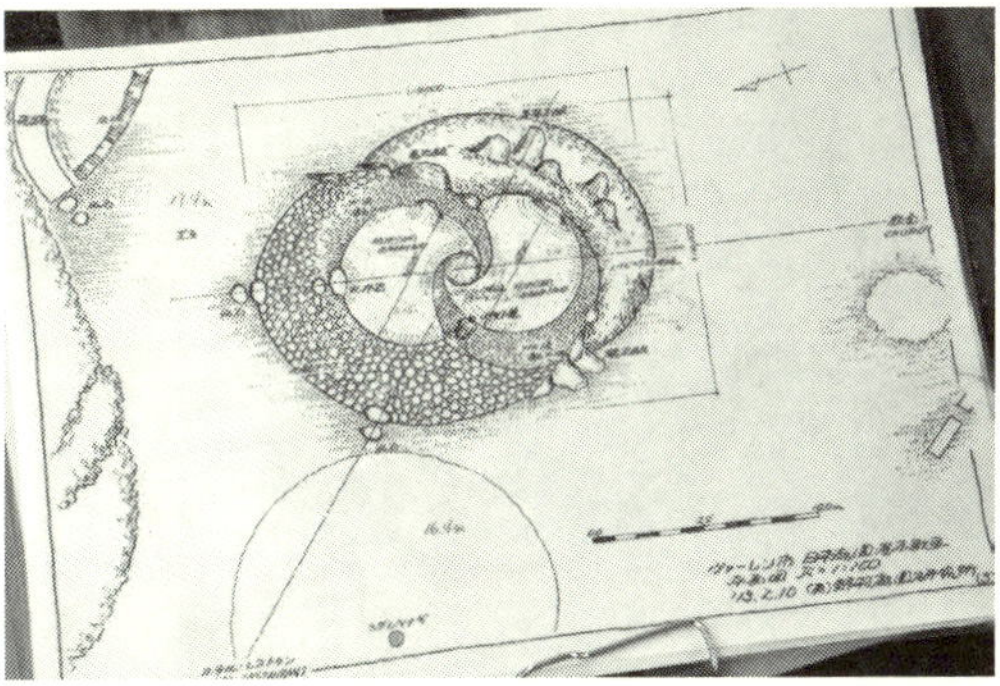

野村さんの描いた設計図

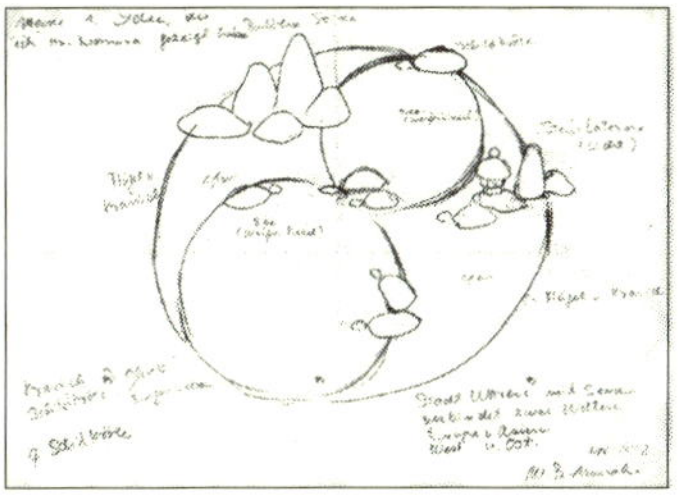

著者の描いたイメージ画

写真 6-3：敷石の組み合わせ作業

のちに、メードリングのマッツナーさんの運転でショプロンに行き、シャクナゲの代わりに植えるものを探したが、選択の基準が美しさでなくて、「盗まれない」ということだったのは、何とも気落ちする現実であった。とにかく三月には、せっかく犠牲を払って日本から来てくれたのに、凍てつくような寒い思いをお土産に帰国の途についていただくことになってしまった。

その一か月後、ヴァーレンの工事は四月一九日から始まったが、雪こそ降らなかったものの、ものすごく寒かった。まさか四月にそこまで寒くなるとは思わないので、適当に衣類を選んで行ったが、気温二度の時に外に立っていると、骨の髄までしみるような寒さなのだ。あるものを皆着て、ジーンズの下にパジャマのズボン、新聞紙だとかビニールだとかなんでも体に巻きつけた。しかも、私が立ったり座ったりしていたのは、柳の木の下で、それ以来柳の木を見ると、ぞくっとくるのだが、結局胃腸のインフルエンザにかかってしまった。青森の工藤さんもかかったが、一人で部屋で寝ている。

症状と言うのが、名状しがたいもので、どうしようもなくなって、シュレーダーさんの娘さんが医者に連れて行ってくれた。その待合室で気絶してしまったのである。目が覚めると、何人か顔を覗き込んで騒いでいるので、

「あれっ……私ジャングルに迷い込んでしまったかしら」

よく見ると、医者の診療室のベッドの上で点滴を受けていた。

「困ったなあ。今病気している暇はないし……」

ミュンヘンから夫が七時間も走って来てくれて、代理で現場に出てくれた。

二八日は、ベルリンへ遠足。外は夫に任せて、出張中だった中根大使夫妻がお帰りになるまで、私は大使館の門の前でしゃがんでいた。やっとそこまで歩いて行って、このままどうなるのかと思っていると、ご夫妻が帰宅され、客間へ入れて下さったので、崩れるように眠ってしまった。目が覚めてお茶の置いてあるテーブルまでふらふら歩いて、また気絶したらどうしょうと思うと、テーブルの上のお饅頭が目に入った。

大使夫妻はまたお出かけらしい。お帰りの時間のメモが置いてある。

とにかくお饅頭をがぶり。二つとも食べてしまった。すると、力が戻って来るようだった。こういうのを血糖値が下がっていたというのだろうか。人心が戻り、大使夫妻の帰館とベルリン見学チームの戻って来るのを待った。

「やっぱり、あの寒さで一日柳の下と言うのはよくなかったです」

その日、大使夫妻は、日本食を用意して石庭作業班を慰労して下さった。

皆で庭に出て、少し元気のない藤を見ながら、それぞれの意見を言っていたようだ。大使館の庭にも「日本庭園」がある。当時この辺りに石がなくて、設計者が大変な苦労をして、遠くから輸送してきて作ったという話である。

「少し北に行けば、スカンジナヴィアから流れてきた石がありますのに」

と、私は知ったかぶり。石で苦労している。あのスカンジナヴィアの石は宝島だった。最後に中島君が三味線を弾いてくれて、ベルリンの一日が終わった。

ある午後、国立公園の森の中にあるミュリッツアーホーフという家につれていってもらった。鶴はみんな南の方へ飛んで行った後だったが、自然の音楽が聞こえるような静かな場所で、国立公園の話を聞いたり、ケーキをごちそうになったり、障害者が作った焼物をいただいた。

シュレーダーさんはとても教養のある人で、旧東独時代の話はマスコミの報道とは違い、生の体験でとても勉強になった。旧東独で兵役拒否をすることがどんなに勇気の要ることだったか。

リュッデ博士やシュレーダーさんは何か西ドイツの人と違うものを持っている。彼らはもっとがまんしなければならなかったのだ。社会主義の東独で生きるための顔と、自分自身の偽りのない顔を使い分けて、それで自分を失わずに生きてきた人達である。

統一は、経済的には西側にとって負担だったかもしれないが、このような人達と一緒に生きていくことが、ドイツ人を成長させるだろう。

考えてみれば、メルケル首相も東独で育った人だし、ガウク大統領も東独の人だ。

コブシの花が咲いて

私たちはみんなで、シュレーダーさんの組織の社員食堂で昼食をした。

ホテルやサボテン園を含む園芸部、ビオトープやバロック庭園を管理している人達がここで食事をする。そこでダウン症の女性が働いていた。彼女は、私たちが行くと喜んで、明るくサーヴィスしてくれた。今まで、こんなに近くで毎日障害のある人と働いたことはなかったが、すべてが自然で当然で感動した。

シュレーダーさんはこの組織を東独時代に三人で始めたという。このような場所に石庭が作れてよかった。きっと、みんなで、大切にしてくれるだろう。

コブシの花が咲いて、石庭は完成した。工事はほとんど計画通りに進んだのだ。

終わりに近づいたある午後、レストランで、ミュンヘンから運び込んだ炊飯器を使い、三〇人分の海苔巻を作った。シュレーダーさんの方でもサラダや肉料理を作ってくれて、協力者をお呼びして「日本の夕べ」をした。そして、チーム自慢の中島君の出番である。彼はきっとリズムのある庭を作る人になるだろう。

リズムのない庭は退屈である。居眠りをするならいいだろう。例えば、京都の無鄰菴《むりんあん》みたいな庭は苦手だ。作らせた山県有朋《やまがたありとも》が嫌いだから、庭も嫌いなのではなく、リズムがないからだ。でも、本当は、山県有朋も好きではない。

寒い日に、湖水の水面をなでて吹いてくる風はさらに冷たくて、湖に突き出た半島のコブシの花は、石庭ができる頃やっと咲く気になったらしい。白く清純な感じの花が、手のひらを開くように咲いた。

除幕式にはベルリンから中根大使夫妻がおいで下さって、和やかに行われた。ロストックのあの廊下の出逢いが、一年経った今、このような幸せな結果を招いたのだ。

一〇年後に、私が生きているかどうかわからないけれど、なぜか、日本の農民が何人かこの近くの土地を買って、近郊野菜を作って暮らすようになる場面を夢見ている。

六ヶ所からも、青森の工藤さんからも連絡がない。しかし、日本列島に住む人間同士、助け合っていきたいと、思っている。日本だけではなく、願わくば、どこの大陸に住もうとも、世の移り変わりが織りなす仮の衣装を脱いだ時に、残さ

写真 6-4：完成した庭と対岸のバロック教会

れた真心で人は分かり合い、助け合っていけるはずなのだ。伝統を養分として普遍のテーマを抱き続ける限り、石庭は作られ続け、その美を深めていくだろう。

地球がある限り、異なった人々が平和に共存できるだろうという希望を捨てないでいれば、人類は生き残れるのではないだろうか。私たちは、お互いに銃を突きつけあうために生まれて来たのではない。違いを尊重して、共に、平和に生きるために生まれて来たのだ。そのようなことを、日本の美を通して表現してきたのが、私の石庭である。

野村さんを始め、一緒に頑張ってくれたみんなのうち、欠けていい人は一人もいなかったと私が信じていることを、冷たい風の中で、白くやわらかに精一杯開いたコブシの花びらに乗せて、伝えたい。

コブシは東浦の成田夫妻の庭にも咲くだろう。

この花を亡き中原信雄氏とマホ市長の墓にも捧げたい。

（終）

あとがき

枯れ枝に雪が舞っている。

まるで何事もなかったかのように私は年を取り、世界は相変わらずだ。これは、目的をもっていた人間が、千年来感じてきたことなのだ。きっと。

じゃぁ、貴女は何をしたと言いたいのか、といわれれば、言葉に詰まる。何もしていないに近い何かを……

だが、もし多くの人が何もしてないに近い何かをすれば、「何か」が見えてくるかも知れない。

過去形で話すのはよそう。五つの国に誕生した石庭が自分自身で仕上げをしているのを時々見に行かねばならないから、仕事は続いている。

石庭を現地の人に任せる時に話すことは、全部理解されるわけではない。理解されても、実行に移すとなると別のこと、時間をかけて学ばねばならないものがある。導く人もいない。どの土地でも、伝統のないものは孤独である。だが、石庭は生き物のように自分で存在を作っていくだろう。どのみち、作者は自然に任せて去るのであるから、自然が仕上げを続けるだろう。苔寺と呼ばれる西芳寺が石庭であったと聞くと、自然の意志が見えてくる。

カールスバード（カルロヴィ・ヴァリイ）の庭は、ツザンナさんが担当の時と、彼女が退職した今は、少し事情が違う。石灯篭の宝珠が盗まれた時は、同じ石工さんに作ってもらって持っていったが、こんな贅沢は繰り返せない。盗まれた原因は、多分、あの庭の石に不思議な力があるという噂が流れたからだろう。三尊石に離れた所から手をかざしていた人が元気になったという話が、土地の新聞に載ってから、やたらと石に触る人、石に抱きつく人が増えた。

ロシア人旅行者や保養客が敷石に乗って石に触るので、石はその重さに耐えねばならない。一度板倉さんが破損した箇所を修理してくれた。その時、現場に立っていると、次々に現れる団体客が石に乗って触るので、降りてもらった。

私は暫くそこに立って見学者を止め、「石庭は乗っかって石を可愛がる場所ではない」と説明した。庭の外で手をかざし、静かに目をつむり何も考えず、すべてを忘れて何分か立ち、瞑想にふけることを（とっさの思いつきながら）やってもらった。みんな素直にこれに従って、いい顔になって去って行った。感謝までされてしまった。これを見ていたチェコの人が、「貴女が毎日これをやったら、助かるんだけど」といったが、そういうわけにもいかない。当初は自転車で横切る人もいた（！）というが、さすがに今はなくなった。

当面できることは、市のガイドに石庭の性格を話し、案内の時に、異文化に敬意を払うように話してくれるように頼むことだったので、観光局のガイド講習会に参加させてもらった。市では、四か国語で、石の上に乗らないで下さいという看板を立ててくれた。そろそろ次の講習会をしなければいけないかと思っている。

カールスバードでは、毎年、国際映画祭というのがあって、その都度ハリウッドの有名な俳優などに石庭を見せているそうだ。リチャード・ギヤーのような人が、「石庭は乗っかるものではない」と言ってくれないだろうか。

フルトイムヴァルトでは、さすがに石庭を横切ったりする人はいない。ＥＵの助成金で出来た国際会議場の庭なので、一応守られている。近くの修道院の修道僧が「瞑想」の会を開いたりするそうだ。一度竜退治の祭りの時に、修道僧の姿をした人に会った。祭りには中世の衣装を着た人々の行列が出るので、「貴方も仮装行列に参加ですか？」と尋ねたら、「いいえ私は本物のベネディクト派の修道僧です」と言われて、恥ずかしい思いをしたことがある。

ドイツの場合は、意志の伝達にも大方問題はない。物は大切にされるし、決めたことは守られる。中欧で九つの国境に囲まれている国なので、平均以上の人は異文化を敬うことも知っている。最も期待できることは、この国の歴史教育で、それを通して「異質のもの」への理解を養っていることである。

スイスのグシュタードは、リヒアルト・クーデンホーフ＝カレルギーの霊園だから、それなりの敬虔さをもって扱われている。石庭が出来てから垣根で囲まれ、夜は入り口の鍵もかかる。それでも一度、板倉さんに石のかけた所などを修理してもらい、植栽も剪定してもらった。

メードリングは、マッツナー博士が目を光らせているが、犬を連れた散歩の人や子供連れの母親が荒らすことがある。オーストリア人のような文化的な人達でも、結構難しい。昔のオーストリア帝国と今のオーストリア共和国の人の間に多少ギクシャクしたものがある。それに気が付いている人も、いない人もいる。

プライドが高い一方、冷めた所がある。保守的なものと進歩的なものが混在しているので、古いものに誇りをもつ傍らで、「諭されること」に抵抗を感じるようだ。「これをしてはいけない」と言われると、抵抗がある。子供が砂利で遊ぶのを注意すると、子供を型にはめる気かと言う人もある。この程度の「放任主義」を克服したら、自然で愛すべきオーストリア人が戻って来るだろう。

かなり前のことだが、ウィンタースポーツの大会でドイツ選手が振るわなかった時に、私の末の娘が、「でもオーストリア人ががんばっているから」と言ったことがある。神聖ローマ帝国でドイツとオーストリアは同じ皇帝の下にあった。でも、「いや、私はドイツ人じゃない」と開き直られるかもしれない。

とにかく、ドイツから出かけてオーストリアで物を言う時には、気遣いが必要である。つまり、メードリングの庭は、なぜか簡単ではない。

ショプロンは、最も心配な所だ。現在のハンガリーは難しい。経済的によくないし、現政府は反動的で排外的、様子の違う人間が迫害を受けている。リベラルな人達が時々デモをしているが、簡単に変わりはしないだろう。二〇〇九年の欧州解放二〇周年記念祝いの時に、糸見さんが国境に植えた桜の木が二〇本切られたという事件があり、関係者は落胆していたが、これをオーストリア人が式典の会場造りのためにやったと言っていた。なんでオーストリア人が国境を越して、ハンガリー主催の記念式典の会場のために桜の木を切る必要があるのか、またそんなことができるのか、これは、言いがかりではなかろうか。ハンガリー人にはそんなことをする人間はいないのだと思いたいのだろう。

しかし、私の石庭からシャクナゲが盗まれた今となっては、まさか、これもオーストリア人がやったとは言えまい。桜の木を切ったのもハンガリー人だと思う。ともかく、悪いことは皆外国人がやったと主張するのは、ハンガリーだけではない。わが日本でもそんなふうに考える人はいる。他の国のやった酷いことを実は自国もやってきたとは思いたくない人もいる。

ショプロンの石庭がある公園の半分は、子供も遊べる平和公園だ。そこに、大きな石の輪がいくつも置いてあって、オブジェのように見える。石器時代のお金みたいだなと私は思っていた。だが、実は真ん中の穴の開いた所に銅のアートがついていたのだという。しかし、その銅がみんな盗まれて、石器時代のお金のようになっているのだと、ギメシさんが話してくれた。悲しそうに。

二〇一四年、メードリングのマッツナーさんが車に自分の庭仕事の道具を積んで私とショプロンへ行ってくれた。ギメシさんも参加して、三人で庭の手入れをした。盗まれたシャクナゲの代わりにフッキ草を植え、除草して、真ん中の緑の島に投げ込まれた二〇〇以上の石を、元の場所へ戻した。

ヴァーレンの石庭は心配ない。初めて旧東ドイツの人たちと仕事をして、その善意にふれ、シュレーダーさんの生涯をかけた障害者と非障害者の組織が守っている限り大丈夫だと確信している。町は美しい自然に囲まれ、いくつもの湖が運河でベルリンの川につながっている。魚も鳥も人間より早く統一して自由に行き来していたのだ。今は危険な境界線や国境を怯えながら越す必要はない。東独時代は一種の鎖国だった。人々は自由の大切さを十分知っている。我々の日本の文化も大切にしてくれるだろう。何かにつけてリュッデ博士やシュレーダーさんからメイルが入る。ミュンヘンからは遠い所だが、心は近い。

ベートーヴェンは、三二歳で『ハイリゲンシュタットの遺書』を書いてから、二〇年以上生きた。遺書を書くような状況を何回も克服して素晴らしい音楽を残した。そのベートーヴェンが私の石庭に立っていると思う時、彼は歴史上の人物ではない。ベートーヴェンは生きている。全てが終わったと知った後にも終わらない。そのあとのあとがある……と詠んだ詩人がいた。

すべての理解者と協力者への感謝の気持ちを十分に表現できる言葉を見つけることができない。いつも助けてくれる夫ディートリッヒや、がまんしている娘達にも感謝している。

私が石になったら、ありがとうと言う石になるだろう。
この本の企画を進めて下さった論創社の松永裕衣子さん、山縣淳男さんにも心からお礼を申し上げたい。

ミュンヘン　二〇一五年二月七日

シュミット・村木 眞寿美（むらき・ますみ）

1942 年、東京生まれ。早稲田大学文学部大学院卒業後、離日。ストックホルム大学、ミュンヘン大学在学。ミュンヘンの社会福祉専門大学卒業。娘３人の母。ドイツ国籍取得。

【著書】

『飛行機はミュンヘンに着陸します』（新書館）、『ふるさとドイツ』（三修社）、『花・ベルツへの旅』（講談社）、『ミツコと七人の子供たち』（講談社と河出文庫）、『グーデンホーフミツコの手記』、『五月の寺山修司』『もう神風は吹かない』『レイモンさんのハムはボヘミアの味』『左手のピアニスト』（河出書房新社）ほか。

ヨーロッパ石庭づくりの旅──私の庭にはベートーヴェンがいる

2015 年 10 月 15 日　初版第 1 刷印刷
2015 年 10 月 25 日　初版第 1 刷発行

著　者　シュミット・村木眞寿美

発行者　森下　紀夫

発行所　論　創　社

東京都千代田区神田神保町 2-23　北井ビル
tel. 03(3264)5254　fax. 03(3264)5232
http://www.ronso.co.jp/
振替口座 00160-1-155266

装　幀　野村　浩

印刷製本　中央精版印刷

ISBN978-4-8460-1473-5　C0070　